KB205836

공산주의 바이러스

김정민, 이호

자유인의 숲

여는 글

1993년,
스무 살 언저리에서 김정민과 이호가 만났습니다.
음악에 매혹되고 문학을 사랑하며
바람처럼 떠돌던 자유로운 영혼들이
하나님의 부르심을 받아서
교회에 매이고 조국(祖國)에 매였습니다.

나서기를 싫어하는 성격임을 서로가 잘 아는데,
어느 날 문득, 싸움의 대열에서 꽤 앞줄에 나란히 서 있는
서로의 모습을 발견했습니다.

왜 저 자리에, 고개를 갸우뚱하다가
복음과 대한민국을 위해서라면
나서기 싫어하면서도 피하지 않는 사람임을 알기에
아하, 고개를 끄덕였습니다.
여기저기서 싸우며, 이리저리 채이며
좌경화(左傾化)의 시대와 불화(不和)하는 길을
함께 걸었습니다.

피할 수 없는 싸움에서 부르짖은 말들이 모여서
한 권의 책이 되었습니다.
삼천리 금수강산에 드리워진 그림자
흰 옷 입은 백성들을 미혹하는 어두움
살인과 거짓과 배도(背道)의 영(靈)과 끝까지 싸우겠다고
입술을 깨물며 다짐합니다.

피와 눈물, 그리고 기도로 세워진 대한민국에
하나님의 은총이 깃들기를 기원합니다.

— 2020년, 6·25 전쟁 70주년을 맞이하며.

목 차

▲ 과학적 사회주의의 시대를 연 마르크스(왼쪽)와 엥겔스(오른쪽)

▲ **공산당선언** : 독일어 초판본. 마르크스와 엥겔스가 공동저자이다.

한 가지 흥미로운 사실이 있습니다.
마르크스의 말을 따라 유물론을 받아들인
공산주의 국가는 예외 없이 모두 가난해졌습니다.
물질만 외치다가 물질 없는 세상이 되었습니다.

그러나 성경 말씀대로 세운 나라,
물질이 중요하지만 전부가 아니고
하나님의 입에서 나오는 말씀으로
살 것이라고 믿은 나라,
기독교 정신으로 세운 나라는
모두 부강해졌습니다.
역사가 입증하는 사실입니다.

공산주의의 본질 1
마르크스, 〈공산당 선언〉

지혜는 자기의 모든 자녀로 인하여
옳다 함을 얻느니라 (누가복음 7.35)

사회주의 혹은 공산주의라고 하면, 제일 먼저 칼 마르크스(Karl Marx)를 떠올립니다. 그러나 마르크스 이전에도 사회주의자들이 있었습니다. 대표적인 인물이 푸리에(Fourier), 오웬(Owen), 생시몽(Saint-Simon)입니다. 19세기 유럽에서, 사회주의는 빠르게 번졌습니다. 당시에는 산업혁명 이후로 공업화가 대규모로 진행되었습니다. 농사를 짓던 들판에 공장들이 세워집니다. 대형 공장에서 물건이 강물처럼 쏟아집니다. 쏟아진 물건은 배에 실려 해외로 수출됩니다.

수출품을 만들기 위한 원료의 공급처, 동시에 수출품의 판매처로 식민지가 개척됩니다. 엄청난 양의 물질이 생산되고, 대규모의 무역을 통해 세계로 팔려 나갑니다. 공업화와 무역을 통해 자본가들은 막대한 부(富)를 축적하게 되지요. 어마어마한 부자들이 생겨납니다.

　자본가들의 삶은 윤택해졌지만, 노동자의 삶은 그렇지 못했습니다. 이 시절에는 노동자의 권리나 인권, 노동조합이 없었습니다. 노동자들은 과도한 노동으로부터 보호받지 못했습니다. 농촌에서 도시로 흘러든 인생들이 빈민촌에 고입니다. 쓰레기가 쌓여있고 더럽고 냄새나는 곳에서, 눈 뜨고 볼 수 없는 비참한 삶이 이어집니다. 6살짜리 어린아이가 15시간 이상의 중노동에 시달립니다.

　나라 간의 격차도 급속도로 벌어집니다. 식민지를 개척하는 제국들이 출현하고, 제국주의에 짓밟혀서 아시아 · 아메리카 · 아프리카의 수많은 나라들이 신음하게 됩니다.

　이처럼 대규모 공업화가 진행되고 자본주의가 발전하는 과정에서 온갖 문제들이 생겨납니다. 자본주의의 문제점을 사회주의자들이 지적합니다. 자본주의가 극단적으로 진행되었을 때의 폐단을 지적했다는 점에서, 역사적으로 중요한 역할을 수행한 사람들입니다.

　사회주의자들은 자본주의 사회의 가난, 실업, 억압과 불평등, 전쟁과 제국주의 침략 등의 문제에 주목했습니다. 그리고 해결책도 제시했습니다. 그들은 자본주의의 병폐를 단번에 치료할 수 있는 만병통치약을 발견합니다. 바로 "사유재산폐지"입니다.

　대한민국에 자기 재산이 없는 사람은 없습니다. 본인 명의의 계좌, 자동차, 집, 모두 사유재산(私有財産)입니다. 저의 재산이 있고 여러분의 재산이 있습니다. 저의 재산과 여러분의 재산이 명확히 구분되어 있지, 뒤죽박죽 섞여있지 않습니다. 부자의 재산과 가난한 사람의 재산도 마찬가지입니다. 무엇이 누구의 것인지 바로 알 수 있지요.

　그런데 사유재산제도를 폐지해서 개인소유 자체를 없애면, 그래서 자동차도 같이 타고, 은행 계좌도 모두 함께 사용하고, 집도 똑같이 나눠 가지면, 부자도 없어지고 가난한 자도 없어지겠지요. 경제적으로 다 똑같아집니다. "사유재산제도만 폐지하면 자본주의의 모든 악과 병폐를 한꺼번에 없앨 수 있다", 마르크스 이전에 초기 사회주의자들이 이미 사유재산폐지를 주장했습니다.

그런데 프리드리히 엥겔스(Friedrich Engels)는 마르크스 이전의 사회주의에 대해서 "공상적 사회주의"라고 경멸합니다. 초기 사회주의자들이 "사유재산제도를 없애자"라고 말만 했지, 어떻게 없애야 하고, 사유재산을 폐지한 다음에는 어떤 세상이 도래하는지를 밝히지 못했기 때문에, 탁상공론(卓上空論)에 불과했다는 비판입니다. 엥겔스는 초기 사회주의자들의 주장을 "과학적이지 못한 몽상에 불과하다"고 지적합니다.

우리도 이들을 비판할 수 있습니다. 첫째로, 사유재산을 다 없앤다는 것이 가능할까요? 둘째로, 사유재산제도를 폐지하는 것이 과연 옳을까요? 열심히 일해서 겨우 집 한 칸 마련했는데, 사유재산을 없앤다고 그 집을 빼앗는다면, 과연 윤리적으로 정당한가요? 셋째로, 빈부격차 · 제국주의 · 식민지를 비롯한 온갖 문제, 심지어 매춘 · 인간성이 파괴되는 문제까지도, 사유재산제도만 없애면 해결될까요? 세 가지 질문을 마르크스 이전의 사회주의자들에게도 던져 볼 수 있습니다.

1818년, 독일에서 칼 마르크스가 태어납니다. 그의 조상은 유태교의 랍비였습니다. 유대인 출신 마르크스가 기존에 있었던 사회주의 사상에 유물사관, 잉여가치론, 폭력혁명론 등 여러 정교한 이론들을 추가합니다. 그는 '공상적 사회주의'를 고도로 체계화된 '투쟁의 이데 올로기'로 발전시킵니다. 그래서 프리드리히 엥겔스가 마르크스의 이론을 "하나의 증명된 과학"이라며 격찬합니다.

소위 "과학적 사회주의"의 기원을 이룬 책이 칼 마르크스와 프리드리히 엥겔스가 공저(共著)한 〈공산당 선언〉입니다. 1848년에 출간된 역사적인 책이지요. 책의 첫 문장이 세계적으로 유명합니다.

> "하나의 유령이 유럽을 떠돌고 있다. 공산주의라는 유령이"
> – 〈공산당 선언〉, 서문 중에서

30페이지 남짓한, 책이라기보다는 팜플렛에 가까운 얇은 출판물이 역사의 거대한 파도가 됩니다. 이 파도가 몰아치는 곳마다 문명이 파괴되고 사람들이 휩쓸려갑니다. 피와 울음과 절규의 바다가 됩니다. 이 책에 기초한 공산주의 정당이 76개 이상의 나라에서 창당됩니다. 전성기에는 공산주의 국가가 무려 100개 가까이 되었습니다. 〈공산당 선언〉에 담긴 이데올로기가 세계의 절반을 붉게 물들였습니다.

〈공산당 선언〉은 성경 다음으로 많이 번역된 책이기도 합니다. 이책을 한국어로 번역했던 박종대가 말했습니다. "이 땅에서는 마르크스가 실재한다. 유령이 아닌 현실이자 우리의 실존을 규정짓는 핵심 요소로서."

마르크스는 공산주의를 유령에 비유했는데, 마르크스의 번역자가, 마르크스는 유령이 아니고 현실이라고 말합니다. 마르크스는 2018년 한국 땅에 현실로서 실존한다고 증언합니다. 저는 그의 말에 동의합니다.

젊은 날 마르크스의 가르침에 인생을 바쳤던 수많은 인물들이 제도권에 진출하고 정치권에 대거 등장했습니다. 우리가 날마다 접하는 언론, 방송을 만드는 사람들 가운데 꽤 많은 이들이 마르크스에 심취했었고 지금도 그 영향력에서 헤어나지 못하고 있습니다.

인기 있는 소설·영화·드라마도 마찬가지입니다. 감동적이고 재미있습니다. 마르크스주의를 대놓고 드러내지 않아요. 마르크스의 영향 아래 만들어졌다고 설명하는 사람도 없습니다. 하지만 다수의 작품에 마르크스의 사상이 깔려있습니다.

누군가가 "마르크스적인 영향력이다!"하고 들추지는 않지만, 대한민국의 정치권력·교육현장·언론·문화의 현실 속에서 마르크스는 유령이 아니라 강력하고 강고한 현실로 살아있습니다. 마르크스의 파도가 몰아치는 바다에서 대한민국이 표류하고 있습니다. 그러면 마르크스와 엥겔스가 쓴 〈공산당 선언〉의 내용을 몇 가지 테마로 분류해보겠습니다.

1. 유물론

"인간의 관념과 견해, 신념, 한마디로 〈인간의 의식〉이라는 것이 그들이 처한 삶의 상황과 사회적 관계, 물질적 토대에 따라 바뀐다는 사실을 이해하는데 특별히 깊은 통찰력이 필요할까? 이념의 역사는 정신적 생산이 물질적 생산과 함께 변형된다는 사실 말고 또 무엇을 증명하는가?"
– 〈공산당 선언〉, 제 2장 "프롤레타리아와 공산주의자" 중에서

물질에서 정신이 나오며, 모든 것은 물질로부터 도래한다는 주장입니다. 마르크스주의는 유물론(唯物論)을 바탕으로 '토대'와 '상부구조'

라는 얘기를 합니다. '토대'는 경제·물질·돈입니다. 그 물질적인 토대 위에, 경제적인 바탕 위에 '상부구조'가 세워진다는 말입니다.

상부구조는 무엇일까요? 문화·정치·예술·법·국가 등, 돈이 있어야 가능한 것들입니다. 심지어는 결혼생활·가족까지 경제적인 토대 위에 세워진다고 말합니다. '토대'와 '상부구조', 마르크스 철학의 기본 개념이지요.

마르크스의 이론이 맞을까요? 돈이 많은 사람은 돈이 많은 수준에 맞추어서 문화생활을 즐깁니다. 결혼도 주로 돈이 많은 사람들끼리 합니다. 여가생활이나 결혼문화조차도 '돈을 얼마나 가졌느냐'는 경제적인 관계에 의해 좌우되는 것처럼 보입니다.

그렇다면 마르크스의 '토대'와 '상부구조' 개념이 맞을까요? 맞는 면도 있습니다. 돈·경제·물질이 인간의 정신에 영향을 끼칩니다. 금강산도 식후경(食後景)이라고, 배가 고프냐 부르냐에 따라서 경치도 달라 보입니다.

장래희망을 조사해 보면, 서민들이 사는 지역의 학생들은 간단하게 적습니다. 군인·교사·간호사 등입니다. 그런데 잘 사는 지역 아이들의 답변에는 긴 단어들이 나옵니다. 그냥 변호사가 아니라 국제 변호사, 최고 경영자(CEO), 금융컨설턴트 등, 장래희망을 적는 단어가 어렵고 영어도 나옵니다. 청소년들이 꾸는 꿈조차, 돈 있는 동네와 돈 없는 동네가 다릅니다. 돈에 따라서 꿈이 달라지는 세상입니다. 마르크스의 지적이 100% 틀린 게 아니에요. 물질과 돈이 인간의 정신생활과 장래희망에도 영향을 끼칩니다.

그러면 유물론이 다 맞을까요? 과연 인간의 정신이 물질에서 나왔을까요? 그렇지는 않습니다. 유물론은 진리가 아니고, 일리(一理) 정도는 됩니다. 한문으로 하면 하나(一)의 이치(理). 마르크스주의 이론에 그럴듯한 이치 하나 정도는 있지요.

마르크스가 틀렸음을 입증하는 예수님의 말씀, 마태복음 4장 4절입니다. "사람이 떡으로만 살 것이 아니요 하나님의 입으로부터 나오는 모든 말씀으로 살 것이라 하였느니라"

예수님께서 이 말씀을 40일 금식하신 뒤에 하셨습니다. 4일을 굶어도 정말 힘이 듭니다. 그런데 무려 40일을 금식하신 뒤에 사탄이 나타나서 "돌을 떡으로 만들어라"고 시험합니다. 예수님이 얼마나 배고프셨겠습니까. 정말 강렬한 유혹이지요. 그런데 예수님이 인간의 자존심을 지키셨습니다. "사람이 떡으로만 살 것이 아니요 하나님의 입으로부터 나오는 모든 말씀으로 살 것이라"

예수님 말씀이 얼마나 좋아요! "사람이 떡으로 살 것이 아니요"라고 꾸짖으셨으면, 저나 여러분이나 인생 살기가 무지하게 힘들어집니다. 떡으로 살 것 아니니까 굶어야 됩니다. 밥을 먹지 않고 성경만 암송해야 됩니다. 그런데 예수님이 한 글자를 딱 붙이셨어요. 떡으로 '만' 살 것이 아니요. 떡으로'만' 살 것이 아니라는 얘기는 뭘까요. 떡으로'도' 산다는 얘기입니다. 예수님의 말씀은 '떡도 먹어라. 그런데 떡이 전부는 아니다'라는 의미입니다. 떡의 현실적 필요를 인정하셨습니다. 떡이 필요한 인간의 상황을 이해하셨습니다.

예수님은 떡을 중요하게 여기셨습니다. 그래서 사람들에게 진리를 가르치신 후에 "내가 영의 양식을 먹였으니, 저녁 식사는 각자 해결하라"고 하지 않으셨습니다. 마태복음 15장은 떡의 필요성을 인정하시는 예수님의 모습을 자세히 묘사합니다. "예수께서 제자들을 불러 이르시되 내가 무리를 불쌍히 여기노라 그들이 나와 함께 있은 지 이미 사흘이매 먹을 것이 없도다 길에서 기진할까 하여 굶겨 보내지 못하겠노라"

3일 동안 영생의 말씀을 예수님께 직강(直講)으로 들었지만, 그 말씀을 아무리 많이 들어도 배가 고프면 기진해서 쓰러질 수 있습니다. 예수님이 배고픈 무리를 불쌍히 여기셔서 칠병이어(七餠二魚)의 기적으로 먹이십니다.

예수님은 이처럼 인간의 먹는 문제에 관심을 가지신 분입니다. 그러나 동시에 떡이 전부가 아니라고 말씀하셨습니다. 물질이 필요하지요. 먹고 살아야 됩니다. 정말 중요한 문제에요. 그렇다고 먹고사는 것이 인생의 전부일 순 없습니다. "사람이 떡으로만 살 것이 아니요 하나님의 입으로부터 나오는 모든 말씀으로 살 것이라", 정신의 중요성과 물질의 중요성을 다 같이 인정하신 예수님입니다. 그런데 마르크스는 물질만 중요하다고 말했습니다.

한 가지 흥미 있는 사실이 있습니다. 마르크스의 말을 따라 유물론을 받아들인 공산주의 국가는 예외 없이 모두 가난해졌습니다. 물질만 외치다가 물질 없는 세상이 되었습니다. 그러나 성경 말씀대로 세운 나라, 물질이 중요하지만 전부가 아니고 하나님의 입에서 나오는 말씀으로 산다고 믿은 나라, 기독교 정신으로 세운 나라는 모두 부강해졌습니다. 역사가 입증하는 사실입니다.

2. 계급투쟁론

"지금까지 인간 사회의 모든 역사는 계급투쟁의 역사이다. 자유민과 노예, 귀족과 평민, 영주와 농노, 장인과 도제. 간단히 말해 모든 억압자와 피억압자는 끊임없는 대립 상태에서 어떤 때는 은밀하게, 어떤 때는 노골적으로 쉴 새 없이 싸웠다."
– 〈공산당 선언〉, 제 1장 "부르주아와 프롤레타리아" 중에서

마르크스는 역사를 투쟁, 전쟁의 역사라고 아주 살벌하게 봤어요. 자유민과 노예, 귀족과 평민, 영주와 농노가 싸웠습니다. 시대가 바뀌면서 지배계급과 피지배계급의 명칭이 바뀌었을 뿐, 본질적인 싸움은 계속 된다는 이론입니다.

"기존의 모든 사회는 억압 계급과 피억압 계급의 적대관계에 뿌리를 두고 있다. 어떤 계급에도 속하지 않는 인간이란 현실에는 없고, 오직 철학적 환상의 희뿌연 하늘 속에만 존재할 뿐이다."
– 〈공산당 선언〉, 제 1장 "부르주아와 프롤레타리아" 중에서

마르크스가 글을 잘 썼습니다. 멋진 용어로 "계급투쟁론"을 주장했습니다. 계급투쟁론도 맞는 면이 있지요. 역사적으로 착취자들이 있었습니다. 왕, 귀족, 양반들이 평민과 천민들을 착취하고 압제하고 지배해 왔습니다. 역사에 착취자와 피착취자의 투쟁이 자주 등장했던 것은 사실이지만, 그렇다고 모든 관계가 억압–착취관계였을까요?

그렇지는 않습니다. 마르크스가 언급한 사례 중에 '장인과 도제'가 있습니다. 장인은 숙련된 기술자입니다. 장인에게 기술을 배우는 사람이 숙련공입니다. 도제는 숙련공 밑에서 청소하고 심부름하는 비숙련공의 말단입니다.

만약 장인이 도제를 때리고 괴롭히고 밥을 굶기면, 착취가 맞습니다. 그런데 장인이 도제를 괴롭히기만 하는 것이 아니라 기술을 가르쳐줍니다. 그렇다면 기술전수도 착취인가요? 그건 착취가 아니라 교육입니다. 물이나 떠다가 바치던 도제가 야단맞으면서 장인 선생님 밑에서 열심히 배워서 본인도 장인이 됐어요. 그럼 장인은 도제를 착

취한 건가요 후원한 건가요? 장인이 된 도제를 불러서 물어보면, 착취당하듯이 고생도 했지만 교육도 받았고 후원도 받았다고 대답하지 않을까요? 역사상 착취가 있었던 건 사실인데, 그렇다고 모든 관계를 다 착취와 피착취로 볼 수 있는가 하는 반론을 마르크스에게 제기할 수 있습니다.

마르크스에 의하면 최고의 착취자는 제국(帝國)입니다. 강력한 제국이 약소국을 착취하고 약소국의 지배층이 민중을 착취합니다. 마르크스주의에 따르면 대제국은 착취의 사슬에서 최정점에 있는, 악(惡)의 화신(化身)입니다. 서양의 역사에서 대제국의 효시는 로마입니다. 지금의 유럽, 아시아, 아프리카에 있는 47개 정도의 나라를 합치면 전성기의 로마제국이 됩니다. 이전에도 없었고 이후에도 없었던 대제국입니다.

그렇다면 로마의 정책은 오로지 착취였을까요? 역사가들은 착취가 아니라 관용과 보호였다고 말합니다. 일본의 여류작가 시오노 나나미가 15년에 걸쳐서 15권으로 집필한 걸작 〈로마인 이야기〉는 관용이 제국을 이루었다는 통찰인 동시에, 제국의 관용에 대한 찬가(讚歌)입니다. 상식적으로 생각해봅시다. 수많은 인종과 종교와 문화가 뒤섞여 있는데, 착취만 하면 나라가 유지될 수 있을까요? 대제국의 수도라고 해도 로마는 일개 도시입니다. 하나의 도시에 불과한 로마가 거대한 제국의 백성들을 착취했다면, 무려 47개국의 주민이 가만히 있었겠습니까. 밤낮 반란이 일어나서 순식간에 제국이 붕괴해버렸을 겁니다.

그래서 로마제국의 시대를 연 카이사르는 관용을 역설했습니다. 자신을 신격화하여 "관용의 신"을 숭배하는 신전을 세우기도 했습니다.

어제까지 칼을 겨누던 적이라도, 칼을 거두고 화해의 손을 내밀면, 얼마든지 성공하고 출세할 수 있는 기회를 제공했습니다.

그 결과로 로마의 황제들은 혈통도 다양하고 출신지도 다양합니다. 우리나라처럼 고려는 왕씨가, 조선은 이씨가 왕좌를 독점했던 역사는 로마제국에 없습니다. 처음에는 로마출신이 황제였지만 나중에는 프랑스, 스페인, 발칸 반도, 시리아, 북부 아프리카, 심지어 아라비아 출신도 황제가 됩니다.

"모든 길은 로마로 통한다"는 말이 있습니다. 로마는 도로를 건설하고 통행의 자유를 보장하며 사람들의 안전을 보호했습니다. 그것이 황제와 제국의 가장 중요한 임무였습니다. 그래서 대제국 로마의 보호 아래 무역이 번성했습니다. 오늘날 유럽 각국의 주요도시들은 거의 대부분 로마의 도로변에 있던 마을이었습니다. 로마의 통치가 이익이 되고 보호가 되었기 때문에 주민들이 동조한 것이지, 착취만 일삼았다면 천년이 넘는 세월동안 제국이 존속할 수 없었을 것입니다.

로마제국의 초대 황제 아우구스투스 시대에 로마군은 고작 15만 명이었습니다. 15만 명으로 3개 대륙 47개국의 안전을 지킬 수 있었던 이유는 반란이 적었기 때문입니다. 주민들이 로마의 통치와 보호를 신뢰했다는 의미입니다.

제국의 역사는 개인에게도 적용됩니다. 분명히 착취하는 인간들이 있습니다. 그러나 천년이고 만년이고 착취만 하지는 못합니다. 착취를 당하는 사람들도 있습니다. 그네들이 계속해서 당하고만 있지도 않습니다. 세상은 넓고 사람들은 다양하며 인생은 역동적입니다. 돈과 지식과 기술을 가진 소위 "착취계층"에게 도움을 받고 기회를 잡아서 성공한 "피착취계층"도 얼마든지 있습니다.

마르크스는 착취자와 피착취자 간의 계속된 투쟁이 자본주의 시대에는 어떤 형태를 보이는 지를 지적합니다.

"우리시대의 두드러진 특징은 전 사회가 '부르주아'와 '프롤레타리아트'라는 서로 직접적으로 대립하는 두 개의 거대한 계급으로 점점 분화되고 있는 것이다."
– 〈공산당 선언〉, 제 1장 "부르주아와 프롤레타리아" 중에서

과거에는 자유민–노예, 귀족–평민, 양반–상놈이 착취–피착취 관계였다면, 지금은 부르주아–프롤레타리아트가 착취–피착취의 관계라는 뜻입니다. 부르주아는 생산수단을 소유한 계급입니다. 생산수단이란, 자본을 만들어낼 수 있는 수단입니다. 예를 들어 공장·토지·인력 등 입니다. 생산수단 없이 자본가에게 고용되어서 노동력을 제공하는 계급이 프롤레타리아트입니다.

자본가계급이 부르주아, 노동자계급이 프롤레타리아트, 이 두 계급이 우리 시대에 지배계급과 피지배계급으로 고착 된다고 마르크스가 주장했습니다. 자본가와 노동자 사이에 낀 계급은 다 없어진다는 말입니다. 〈공산당 선언〉이 출간되고 170년이 지난 오늘날, 마르크스의 이론을 검증해볼 수 있습니다.

여러분 가운데에 스스로 자본가라고 생각하시는 분 계십니까? 혹은 노동자, 프롤레타리아라고 생각하시는 분 계시나요? 글쎄요. 자본가라고 하기엔 은행잔고가 민망한 분들이 많을 겁니다. 그렇다고 마르크스가 얘기하는 노동자라기엔, 특별히 착취당하거나 억압받지도 않았습니다. 휴일에는 문화생활도 즐기고 경치 좋은 곳으로 놀러가기도 합니다. 마르크스가 말한 노동자라고 보기에는 부유하지요.

월급을 받는 직장인을 자본가라고 보기는 어렵습니다. 또 집도 장

만하고 자동차도 있다고 하면 프롤레타리아로 보기도 어렵습니다. 마르크스는 중간계급이 다 없어져서 자본가–노동자, 착취자–피착취자, 부르주아–프롤레타리아트의 대립구도만 남는다고 주장했는데, 맞았을까요? 마르크스의 이론처럼 중간계급이 모두 사라지고 자본가–노동자 간에 계급투쟁이 심화되었을까요?

자본가와 노동자 사이에 중산층(中産層)이 있습니다. 마르크스는 중간계층이 없어진다고 했지만, 170년이 지난 지금, 어느 나라에나 중간계층이 있습니다. 지금 대한민국의 경제위기로 나타나는 현상이 중산층의 몰락입니다. 주목할 만한 현상은, 마르크스 이론에 동의하는 좌파정권이 들어서면, 마르크스의 말대로 그 나라의 중산층이 없어집니다.

반대로 우파정권이 들어서면 중산층이 두터워집니다. 어느 나라나 그렇습니다. 좌파 정책은 분배 · 포퓰리즘 위주로 수립되고, 우파 정책은 경제를 성장시키는 방향으로 수립되기 때문입니다. 경제가 성장하면 중산층도 당연히 성장하게 되어 있습니다. 마르크스의 말이 틀렸지요.

3. 부르주아 계급

역설적으로, 부르주아 계층이 역사상 얼마나 위대한 성취를 이룩했는지를 자세하고 정확하게 쓴 인물이 마르크스입니다. 마르크스의 천재적인 면모가 드러나는 부분이기도 합니다. 부르주아가 이룬 많은 업적들을 책에서 열거합니다. 〈공산당 선언〉에 이런 문장이 나옵니다. "인간 활동이 실로 무엇을 이룩할 수 있는지를 증명한 것도 그들(부르주아)이었다.”

인간이 열심히 일하면 얼마나 많은 것을, 얼마나 광범위하게, 얼마나 대규모로, 얼마나 놀랍게 성취할 수 있는지를 부르주아가 보여주었다는 지적입니다. 맞는 얘기예요. 공업화가 시작되면서 전 세계적으로 무역항로가 열리고, 물건이 풍부하게 보급되고, 정치체제가 뒤집어지고, 예술 형태도 바뀌었습니다. 부르주아가 지배계급이 되었을 때, 대단한 변혁을 이룩했습니다. 그 역사적 성취를 마르크스가 인정해요. 그러나 마르크스의 눈에 비친 성취자들은 여전히 착취자였습니다.

> “한마디로 종교적 정치적 환상들에 가려진 기존의 착취를 노골적이고
> 파렴치하고 직접적이고 인정사정없는 착취로 대체한 것이다.”
> – 〈공산당 선언〉, 제1장 “부르주아와 프롤레타리아” 중에서

자본가가 등장하기 이전의 착취자는 귀족입니다. 귀족들의 우두머리가 왕이에요. 귀족과 왕들은 종교적·정치적 환상으로 착취자로서의 지위를 포장했다고 마르크스가 말합니다. 대표적인 포장이 “왕권신수설”이지요. “왕권은 하나님이 주신 거다(神授)”, 하나님이 자신들을 왕으로 세웠다고 종교적으로 포장해서 절대권력을 휘둘렀지요. 그런데 자본가/부르주아는 종교적인 포장을 없애 버리고, 대놓고 무자비하게 돈으로 착취한다는 거예요.

> “심지어 가족 관계 내의 가슴 뭉클하고 감상적인 베일을 찢어버린 뒤
> 가족 관계를 순전한 돈의 관계로 돌려놓았다.”
> – 〈공산당 선언〉, 제1장 “부르주아와 프롤레타리아” 중에서

가족까지도 돈으로 해체한, 진짜 나쁜 놈들이 부르주아라고 마르크스가 비난했습니다. 글쎄요. 부르주아들이 출현하기 이전에, 조선의 양반들도 첩들을 두어서 가족 관계를 복잡하게 만들었습니다. 홍길동은 자기 아버지를 아버지라고 부르지도 못했습니다. 조선시대에도 가족이 해체된 사례는 많습니다. 하여간, 마르크스는 부르주아가 돈으로 가족관계까지 해친다고 비판했습니다. 자본가가 만악(萬惡)의 근원인 것처럼 비난했습니다.

마르크스가 말한 "착취"에 대해서 생각해 봅시다. 과거에 중국은 세계에서 제일 가난한 나라가운데 하나였어요. 가난했던 중국이 개혁, 개방을 하면서 공장을 짓기 시작합니다. 그때 중국에 돈이 없어서 미국과 일본, 나중에 한국의 자본이 들어갔습니다. 미국의 자본가가 돈을 보내서, 중국의 노동자가 공장에서 일을 할 수 있게 된 거지요. 그러면 미국은 돈을 댔으니 자본가이고 중국은 노동력을 제공한 노동자입니다.

개혁, 개방하기 이전에 중국은, 굶어 죽는 사람이 세계에서 제일 많은 나라였습니다. 마오쩌둥(毛澤東)이 벌인 대약진운동으로 3,800만 명이 굶어 죽었어요. 인구가 워낙 많다보니, 굶어 죽어도 100만 명, 1,000만 명 단위로 죽어나가요. 중국 농촌에서 굶어 죽을 수도 있었던 가난한 농민이 미국과 일본의 자본가가 세운 공장에 취직해서 노동력을 제공하고, 월급을 받았습니다. 그러면 미국 자본가가 중국 노동자를 착취한 건가요? 혹시, 도와주고 취직 시켜 준 건 아닌가요?

마르크스에 의하면 자본가는 무조건 착취해야 되는데, 더군다나 미국은 착취만 일삼는 제국주의이고 중국은 착취가 없는 공산주의인데, 미국이 착취한 것 같지는 않습니다. "미 제국주의자가 중국에 공장을 세워서, 중국 농민이 공장에 취직해서, 일하고 돈 벌고 집이라도 한 칸 마련했다면 그것도 착취인가"하는 문제가 생깁니다.

중국이 공산주의만 고집하고 있을 때는 가난하다가, 덩샤오핑(鄧小平)이 시장경제를 받아들이면서, 경제 규모가 세계에서 두 번째가 될 정도로 급성장했습니다. 중국경제가 성장할 수 있던 중요한 원인은 미국의 도움입니다. 중국산 제품을 미국인들이 많이 구입했습니다. 중국 노동자가 만든 물건을 자본주의 국가인 미국 시민들이 많이 사줘서 공산주의 국가가 발전했는데, 과연 자본가인 미국이 노동자인 중국을 착취한 걸까요? 착취당하는 중국이 왜 계속해서 발전하고 성장했을까요?

미국의 대기업이 대규모의 자본을 투자해서 기술을 개발하고 상품을 만듭니다. 소프트웨어를 개발하고 영화를 제작합니다. 그러면 중국이 그냥 베껴버린 적이 많았습니다. 할리우드에 있는 영화사가 막대한 돈을 투자해서 초호화 캐스팅으로 영화를 만들면, 불법 다운로드 받아서 극장에 안가고 집에서 봅니다. 중국에서 미국 영화를 불법으로 복제해서 팔기도 했습니다. 약도 마찬가지입니다. 다른 나라의 과학자들이 천문학적인 돈을 들여서 약을 만들면, 중국이 그냥 약을 복제해서 팔았던 사례도 있습니다.

선진국이 자본을 투자해서 만든 제품을 중국이 복제합니다. 복제할 뿐만 아니라 짝퉁을 만들어서 열심히 팔아요. 그러면 미국이 중국을 착취한 건가요, 중국이 미국을 착취한건가요? 나보다 앞선 사람이 개발한 기술을 내가 정당한 값도 지불하지 않고 베껴 쓰면, 앞선 사람의 노력을 내가 착취한 것입니다.

미국과 중국의 관계를 놓고 봅시다. 미국은 자본주의 국가입니다.

실제로도 중국에 자본을 투자했으니, 자본가의 역할을 했어요. 그리고 중국은 공산주의 국가, 노동자의 나라에요. 공산주의자들의 말에 의하면 자본가의 나라인 미국이 노동자의 나라인 중국을 착취해야하는데, 오히려 중국이 미국과 무역을 해서, 경제를 개발하고 미국 기술을 베끼고 또 국방 기술력을 훔치기까지 했어요. 그러면 누가 누구를 착취한 걸까요? 이 이론을 경제학에서 캐치-업(catch-up) 이론이라고 합니다.

캐치 업, 따라잡는다는 뜻입니다. 과거에 선진국이 후진국을 착취한 면이 분명히 있습니다. 식민지 개척시대에 블록경제를 만들어서 식민지를 착취했던 사실이 있습니다. 그런데 지금은 다릅니다. 캐치-업(catch-up) 이론이란, '후진국이 단기간에 선진국을 따라 잡기 위해서, 선진국이 긴 세월 동안 수많은 시행착오를 거쳐서 이룩한 결과를, 그냥 베껴버린다. 그래서 순식간에 따라 잡는다'는 주장입니다. 캐치-업 이론으로 단기간에 경제를 발전시킨 대표적인 나라가 대한민국입니다.

우리나라에 건축기술이 있었나요? 조선기술이 있었습니까? 우리 선조들이 스마트폰 만들었습니까? 전자기술 · 조선기술 · 자동차 제조기술 모두 외국에서 왔습니다. 외국에서 정식으로 배우기도 했지만, 몰래 베끼기도 했습니다. 제가 전국을 돌아다니면서 강연을 하다가, 과학기술분야에 선구적인 업적을 남기신 분들을 꽤 많이 만났습니다. 그분들과 함께 모여서 대화를 하다가, 남의 나라 기술을 몰래 베꼈던 무용담들을 여러 번 들었습니다. 그저 가난한 나라 잘 살게 해보겠다는 애국심으로 별 짓 다했다고, 웃음 짓는 모습들도 보았습니다. 열심히 모방하다가 이제는 독자적인 기술을 개발하게 된 거지요.

선진국에서 몇 백 년 동안 개발한 기술을 우리는 단기간에 모방하고 베꼈습니다. 이 경우에는 후진국이 선진국을 착취한 셈이 됩니다. 캐치-업 이론의 실제 사례입니다. 마르크스는 자본가만 착취한다고 했는데, 역사를 보니 실제로는 그렇지 않다는 반론을 제기할 수 있어요.

김일성주의자들인 주체사상(主體思想)파, 줄여서 주사파는 한국을 미국의 식민지로 봅니다. 그런데 한국과 미국이 무역을 해서, 한국이 흑자를 200조 원 넘게 올렸습니다. 주사파의 관점에 의하면, 식민지와 본국이 무역을 했는데 식민지가 오히려 엄청난 흑자를 냈습니다.

식민지가 제국을 상대로 200조가 넘는 손해를 보게 만들었다면, 대한민국은 정말 위대하고도 신기한 식민지인 셈입니다. 식민지 주제에 자기와는 비교도 할 수 없게 큰 본국을 착취한 격이지요. 미국이 한국을 식민지로 만들어서 착취한다고 하는데, 착취당하는 식민지가 어떻게 세계 5대 공업국가가 되고, 7대 무역국가가 될 수 있을까요? 한국의 성취는 마르크스의 이론이 틀렸음을 입증합니다.

얼마 전에 착취·차별에 대한 기사가 보도됐습니다. 신문 기사를 보니, 스무 살짜리 편의점 알바생들도 서로 갑질한다고 합니다. 알바생으로 먼저 취직한 청년이 몇 개월 늦게 온 사람한테 횡포를 부리면서 갑질한다는 거지요.

1950년대 미국의 버스에는 흑인자리와 백인자리가 구분되어 있었습니다. 이와 비슷하게, 21세기 대한민국 노동자들의 통근버스에 좌석이 나눠져 있었답니다. 정규직 좌석과 비정규직 좌석으로 분류되어 있었지요. 사장님이 나눈 것이 아니라 정규직 노동자들이 구분했다고 합니다. 실제로 정규직 노동자들이 비정규직 노동자를 차별하는 일이 있습니다.

이 대목에서 생각해봅시다. 자본가가 노동자를 착취하는 건, 착취입니다. 백인과 흑인을 버스에서 따로 앉히는 건 차별입니다. 그렇다면 정규직 노동자와 비정규직 노동자가 따로 앉는 건 차별이 아닐까요?

차별은 자본가만 할까요? 노동자는 천사라서 사람을 차별하지 않을까요? 편의점 알바생은 프롤레타리아이기 때문에 사람을 차별하지 않습니까? 마르크스 이론은 이 지점에서 심각하게 틀렸습니다. 착취와 차별은 죄악입니다. 그 죄악은 누가 저지를까요? 누구나 저지를 수 있습니다. 왜냐하면 인간은 모두 죄인(罪人)이기 때문입니다.

아픔은 같은 아픔입니다. 아픔은 아프다는 점에서 평등합니다. 자본가에게나, 정규직 노동자에게나, 알바생에게나 차별당하면 아픕니다. 아픔은 계급에 따라 구별되거나 해소되지 않고, 뭉뚱그려져서 아픕니다. 언론에서 재벌회장이 갑질했다고 비난합니다. 맞습니다. 재벌회장이 갑질하면 안 됩니다. 동시에 편의점 알바생도 갑질하면 안 됩니다. 정규직 노동자도 갑질하면 안 돼요. 그런데 이 나라 언론은 재벌의 갑질만 주구장창 반복해서 보도합니다. 대신에 정규직 노동자가 비정규직 노동자를 차별하는 건 눈감아주지요. 이런 장면이 마르크스가 2018년 대한민국에 살아 있다는 증거입니다.

차별·증오 같은 죄악은 인간이라면 누구나 저지를 수 있기 때문에 누구나 조심해야 돼요. 그것이 성서의 가르침입니다. "모든 사람이 죄를 범하였으매 하나님의 영광에 이르지 못하였더니(로마서 3.23)" 마르크스는 이 말씀을 바꾸었습니다. "자본가만 죄를 범하였으매 지상낙원에 이르지 못하더니" 거기에 덧붙였어요. "자본가를 타도하면 모든 사람이 풍요로운 낙원이 도래할 것이라" 마르크스는 성서에 반

(反)하는, 사이비 이단 종교를 만들었습니다.

"(부르주아지의) 교육이란 것도 절대 다수에게는 인간을 기계로 키우는 것에 지나지 않는다." – 〈공산당 선언〉, 제 2장 "프롤레타리아와 공산주의자" 중에서

  마르크스는 뛰어난 천재로 명성을 떨쳤습니다. 천재가 한 말답게, 이 말이 맞습니다. 그런데 다 맞는 것은 아니고, 뒷부분의 서술어, "인간을 기계로 키운다"가 맞았습니다. 하지만 주어가 틀렸어요. 부르주아의 교육이 인간을 기계로 키우는 게 아닙니다. 공산주의자의 교육이 인간을 기계로 키웁니다.

  주체사상 교육이 인간을 기계로 만듭니다. 북한에서 세쌍둥이가 태어났습니다. 세쌍둥이의 이름은 김총 김포 김탄, 셋이 합쳐 총포탄입니다. "어버이 수령의 안녕을 위하여 작렬하는 총포탄이 되자", 북한의 책에 적혀있는 총포탄 사상을 담은 이름입니다. 사람을 소모품·기계로 만든 게 공산주의에요.

  실제로 탈북민 사역을 하다보면 종종 놀라게 됩니다. 제가 목회할 때, 구출한 탈북민이 교회에 출석했습니다. 어느 주일 날 이 성도가 교회에 안 왔어요. 아무래도 느낌이 이상해서, 집사님 한 분에게 탈북 성도 집에 한번 가보시라고 부탁드렸습니다. 집사님이 갔다가 놀라서 저에게 전화를 했어요. "목사님, 지금 병원 응급실이에요. 제가 급하게 입원 시켰어요. 이 자매가 남자 친구랑 싸워서 광대뼈가 부러졌어요. 이빨 두 개도 부러졌어요." 광대뼈가 부러지고 이빨이 나갔는데, 이틀 동안 집에 누워만 있었답니다. 북한에서는 아파도 병원에 안 가고 참으니까, 매번 하던 대로 참은 거예요.

  탈북동포들에게는 자기 몸을 소중히 여겨야 된다는 개념 자체가 없

습니다. 실제로 팔씨름을 해도 팔목이 부러질 때까지 합니다. 축구를 해도 발목이 부러져서 목발을 짚을 때까지 합니다. 왜 그럴까, 이상해서 탈북자들과 대화해 보면요. '내 몸을 소중하게 여겨야 된다'는 교육을 받아 본 적이 없다고 합니다.

한국에선 아이가 다칠 것 같을 때 엄마들이 불같이 화내지요? 아이가 위험할 것 같으면, 무섭게 화를 냅니다. 회초리를 대고, 소리 지르고 '너 그렇게 하면 죽어!' 공갈협박을 합니다. 이런 교육을 통해서 우리가 어렸을 때부터 배웁니다. '내 얼굴에 생채기 나면 안 된다. 내가 다치면 엄마 아빠한테 혼난다.'

엄마 아빠한테 혼나는 게 무서워서 자기 몸을 소중히 여기게 됩니다. 자본주의에서는 자애(自愛) 교육이 가능해요. 그런데 북한에서는 어버이수령을 위해서 총포탄이 되라고 가르치니, 자기 몸을 소중히 여겨야한다는 생각 자체가 아예 없어요. 사람이 포탄이 되는 슬픈 연극이 현실에서 진행됩니다. 공산주의와 주체사상 교육이 인간을 수령을 위한 기계로 만듭니다.

> "근대의 국가권력은 전 부르주아 계급의 공통적인 이해관계를 관장하는
> 전담 위원회에 지나지 않는다."
> – 〈공산당 선언〉, 제 1장 "부르주아와 프롤레타리아" 중에서

공산당 선언의 유명한 문구 가운데 하나입니다. "국가란 무엇인가, 부르주아 전담위원회다. 부르주아들끼리 자기들의 이익을 위해서 법도 만들고 교육도 시키는 동아리 클럽이 국가다", 이 말은 사실 공산주의 국가에 딱 들어맞습니다.

마르크스는 국가가 필요 없다고 말했어요. 그래 놓고 사유재산제도

를 철폐해야 한다고 주장했습니다. 여기에서 모순이 생깁니다. 국가가 없으면 사유재산제도를 누가 철폐할까요? 〈공산당 선언〉 뒷부분에서 마르크스는 사유재산을 없애려면 "국유화(國有化)해야 한다"고 주장합니다. 지금 우리나라 국회의원들이 토지국유화, 삼성전자 국유화, 인천공항 국유화를 주장하지요? 이런 말들이 겉으로는 그럴듯해 보이지만, 굉장히 위험합니다.

사유재산을 철폐하면 공유재산이 됩니다. 공유(共有)는 뭘까요? 결국에는 국유(國有)입니다. 각 개인의 재산을 국가가 몰수합니다. 그런데 그 국가는 누가 다스리지요? 공산당이 다스립니다. 공산당의 최고지도자는 수령님이십니다. 처음에는 공산(共産), 모든 사람이 나누어 가지겠다고 시작했는데, 마지막에는 수령님 소유가 됩니다. 그래서 북한 주민들의 3분의 2가 영양실조 상태에 처해 있어도, 김일성–김정일–김정은은 한 끼에 5천만 원이 넘는 식사를 3대에 걸쳐서 70여 년간 먹을 수 있습니다.

마르크스는 전담 위원회를 자본주의 국가에서 찾았지만, 오히려 공산주의 국가에 있습니다. 북한 같은 공산주의 국가야말로 "공산 귀족들의 전담 위원회"입니다. 공산당끼리만 잘 먹고 잘 살기 때문이지요.

4. 프롤레타리아 계급

"자신을 조각조각 나누어 팔아야 하는 이 노동자들은 다른 모든 판매품과 마찬가지로 하나의 상품이며 그래서 경쟁의 성패와 시장의 변동에 내맡겨진다. 이들은 부르주아 국가의 노예일 뿐 아니라 매일 매시간 기계와 감독관의 노예이자, 특히 공장을 운영하는 개별 부르주아의 종이다. 기계가 노동 사이의 차이를 점점 없애고 임금을 어디서나 거의 똑같은 수준으로 하락시킴으로써 프롤레타리아 계급 내의 이해관계와 삶의 상황은 점점 비슷해진다."

— 〈공산당 선언〉, 제 1장 "부르주아와 프롤레타리아" 중에서

마르크스가 두 가지 주장을 했습니다. 첫째로, 노동자는 결국 상품이고 노예이다, 맞습니까? 노동자가 일하고 회사 눈치보고 하느라 고생합니다. 그렇다고 노예라고 하기엔 지나치지 않나요? 실제로 억대 연봉을 받으면서도 일은 안하고 맨날 데모만 하는 노조원들이 있습니다. 이들을 뭐라고 부르지요? 노예노조인가요? 아닙니다. 귀족노조라고 부릅니다. 노동자 계층에서 귀족이 등장했어요. 마르크스의 주장이 틀렸다는 얘기입니다.

둘째로, 모든 노동자의 임금이 하락해서 비슷해진다, 다 같이 비참해진다, 이 말이 맞았나요? 대한민국의 대기업 월급과 중소기업 월급이 비슷한가요? 대기업 정규직과 중소기업 비정규직의 월급 차이가 하늘과 땅 만큼이라고 하면 과장이지요. 과장이긴 하지만 완전히 틀린 건 아닙니다. 노동자들 사이에서도 임금차이가 굉장히 커요.

억대연봉 받는 노동자들이 많지는 않지만, 없지도 않습니다. 입에 풀칠하기도 어려울 만큼 가난한 노동자에서 근사한 자가용 굴리면서 사는 노동자까지, 대한민국에서도 노동자들이 다양합니다. 그런데 마르크스는 모든 노동자의 임금이 점점 낮아져서 결국엔 다 같이 가난해진다고 주장했습니다. 틀린 말이지요.

"오늘날 부르주아지와 대립하는 모든 계급 가운데 진정한 혁명 계급은 프롤레타리아트뿐이다. 중산층, 소상공인, 수공업자, 농민 이들 모두는 중간 계층으로

서 자신의 생존을 파멸로부터 지키기 위해 부르주아지와 투쟁한다. 따라서 이들은 혁명적이지 않고 보수적이다. 아니, 심지어 반동적이기까지 하다. 역사의 수레바퀴를 거꾸로 돌리려고 하기 때문이다."

– 〈공산당 선언〉, 제1장 "부르주아와 프롤레타리아" 중에서

마르크스는 노동자만이 진정한 혁명 계급이고 나머지는 반동적이라고 비판했습니다. 이 지독한 편견이 결국 참혹한 비극의 씨앗이 됩니다. 농민, 소상공인, 수공업자는 보수적인 반동세력이라고 마르크스가 낙인찍었어요. 마르크스를 신(神)처럼 받든 혁명가들이, 이 주장을 적용합니다. 그 과정에서 많은 사람들이 희생됩니다.

최초의 공산주의 혁명이 러시아에서 일어납니다. 러시아 혁명의 주체는 노동자와 농민이었습니다. 노동자가 많으려면 공장이 많아야 되는데, 당시 러시아는 농업 국가였습니다. 농업 국가에서 많지 않은 노동자만 데리고 혁명을 일으키기는 힘들지요. 그래서 레닌(Lenin)이 농민들을 선동합니다. "우리가 혁명을 일으키면 땅을 나누어 주겠다!" 토지(土地)라는 달콤한 미끼를 던져서 농민들을 자기편으로 만들어요. 노동자 · 농민 연합부대를 결성해서 러시아 혁명을 성공시킵니다.

그 다음에 어떻게 했을까요? 농민들을 숙청하고 학살합니다. 농민들의 협력을 얻어 혁명을 일으킨 다음에는 '농민은 반동'이라는 마르크스의 이론을 따라서, 농민들을 제거합니다.

"프롤레타리아에게 법과 도덕, 종교는 많은 부르주아적 이해관계를 숨기고 있는, 그만큼 많은 부르주아적 편견에 지나지 않는다. 프롤레타리아는 지켜야 할 것이 없기 때문에 지금껏 사유재산을 보호하고 보장해 온 것들을 모두 박살내야 한다."

– 〈공산당 선언〉, 제 1장 "부르주아와 프롤레타리아" 중에서

피가 강물처럼 흐르게 만드는 대재앙의 신탁입니다. '법, 도덕, 종교 다 박살내자.' 이런 사악한 가르침 때문에 마르크스주의가 침투하면 피비린내가 진동합니다. 파괴가 출렁이고 재앙이 춤을 춥니다. 법을 무시해 버리니 불법사회가 됩니다. 깽판과 폭력이 판을 치는 아수라장이 됩니다. 모든 종교를 부정해 버립니다. 1억 명이 넘는 기독교인들이 공산주의자들의 손아귀에서 죽게 돼요. 부모자식 간에 천륜(天倫)도 무시해버립니다.

한국의 공산주의자들이 '살부회(殺父會)'를 조직합니다. 한국을 지배했던 유교문화는 가부장적이지요. 아버지에게 절대적인 권위가 있습니다. 그러니 아들이 공산주의혁명을 하고 싶어도, 아버지가 "빨갱이들이랑 어울리지 말라"고 하면 혁명을 못해요.

그래서 공산주의자들이 서로 아버지를 죽여주는 모임, '살부회'를 결성합니다. 내 친구가 내 아버지를 대신 죽여줘요. 나도 내 친구 아버지를 죽여줍니다. 실제로 1920·30년대 만주에서 공산주의자들이 조직적으로 살부회 활동을 했습니다. 윤리·종교·도덕을 다 없애버리면, 자식이 부모를 죽이는 끔찍한 세상이 됩니다.

"노동자에겐 조국이 없다. 그들이 갖고 있지도 않은 것을 빼앗을 수는 없다."
– 〈공산당 선언〉, 제 2장 "프롤레타리아와 공산주의자" 중에서

이 주장도 틀렸습니다. 공산주의자들이 노동자에게 조국이 없다고 선동해서, 전 세계 노동자들을 유인해서 혁명 활동을 하는데, 제1차 세계대전이 발발했습니다. 마르크스 이론에 의하면, 전쟁은 자본가

들끼리 합니다. 자본주의, 제국주의 국가들 사이에서 전쟁이 일어난 다고 했어요.

　마르크스의 말이 맞다면, 노동자는 자본가들의 전쟁에 관여할 필요 가 없지요. 노동자에겐 조국이 없기 때문에 전쟁에 참여할 이유도 없 습니다. 오히려 각 나라의 노동자들이 국경을 초월해서 단결해야 했 습니다. 그런데 실제로 전쟁이 나자, 마르크스 이론과 반대로, 많은 노동자들이 조국을 위해서 싸웠습니다. 독일 노동자들이 국경을 초 월한 노동자계급 편에 서지 않고 독일편에 섰습니다. 프랑스 노동자 들은 프랑스를 위해서 싸웠습니다. 왜 그랬을까요? 노동자에게도 조 국이 있기 때문입니다. 살과 피를 타고 내려온 조국이, 마르크스의 말 한마디로 없어질 수는 없습니다.

5. 프롤레타리아와 공산주의, 공산당

"공산주의자들은 실천적인 면에서 만국 노동자 정당 가운데 가장 단호하고
추진력이 강한 세력일 뿐 아니라 이론적인 면에서도 프롤레타리아 운동의
조건과 과정, 전반적 결과를 나머지 프롤레타리아트 대중보다 한 발 앞서
꿰뚫어 보는 통찰력이 있다."
- 〈공산당 선언〉, 제 2장 "프롤레타리아와 공산주의자" 중에서

　예나 지금이나, 좌파의 스펙트럼은 다양합니다. 마르크스는 다양한 좌파 노선 가운데서도 공산주의가 제일 강하고 우수하다고 주장했습 니다. 공산주의자들이 프롤레타리아 대중보다 한 발 앞서서 꿰뚫어 보는 통찰력이 있다는 주장은 '그래서 공산주의자의 지도를 받아야만

프롤레타리아의 세상이 도래한다'는 이론으로 이어집니다.

생각해봅시다. 공산주의가 프롤레타리아, 노동자, 가난한 사람을 위한 이론인 것 같았는데. 결론은 '일반 노동자들보다 한발 앞서가는 공산주의가 있다'입니다. 결국 앞서가는 공산주의의 지배를 받으라는 이론입니다. 이런 주장이 공산당 독재를 정당화하게 됩니다.

"공산주의자들의 당면 목적은 프롤레타리아트를 계급으로 형성시키고 부르주아지 지배를 무너뜨리고 프롤레타리아의 힘으로 정치 권력을 장악하는 것이다."
– 〈공산당 선언〉, 제 2장 "프롤레타리아와 공산주의자" 중에서

계급의식이 없는 노동자들에게 계급의식을 심어서 "네가 가난한 건 자본가 때문이다. 너는 프롤레타리아 계급이다. 우리 계급끼리 뭉쳐서 부르주아 계급을 타도해야 된다. 네가 이미 노동자계급에 속해 있기 때문에, 노동자계급을 위해서 투쟁해서, 압박하는 자본가계급을 제거해야 한다"고 선동하라는 주장입니다. 그리고 선동당한 노동자 무리의 강력한 힘으로 정치권력을 장악하라는 술수입니다.

혁명은 공산주의자의 힘만으로는 불가능합니다. 혁명이 성공한 나라들을 보아도, 공산주의자는 소수였습니다. 소수인 공산주의자들이 다수의 대중을 선동해서 혁명을 일으키고 권력을 장악했습니다. 공산주의자들이 프롤레타리아트의 힘으로 정치권력을 장악했다면, 권력은 누구한테 갈까요? 권력을 프롤레타리아트에게 나누어주었던 공산주의 국가는 없습니다. 프롤레타리아트를 이용해서 권력을 장악한 다음에는 공산당이 독재를 합니다.

공산주의 국가들은 모두 가난한 자, 인민 대중, 노동자를 위한다고 합니다. 하지만 결국에는 모두 공산당 1인 독재로 전락합니다. 노동

자로 시작해서 독재로 끝납니다. 공산주의자가 프롤레타리아트를 이용해서 정권을 잡은 다음에는 프롤레타리아트를 굶겨 죽입니다.

공산주의사(共産主義史)는 굶어죽은 역사, 곧 아사사(餓死史)입니다. 소련에서 800만, 중국에서 3,800만, 북한에서 400만 정도가 굶어죽었습니다. 배가 많이 고플 때, "등가죽이 뱃가죽에 붙었다"는 말을 합니다. 자본주의 한국에서는 그냥 말인데, 공산주의 북한에서는 현실입니다. 북녘 땅에서, 아들이 돌아가신 어머니의 시신을 수습하는데, 뱃가죽이 정말로 등가죽에 붙어 있었다고 합니다. 자신을 낳아주신 어머니의 굶주린 시신을 보고 탈북(脫北)을 결심했다는, 피눈물 나는 고백이 있습니다. 프롤레타리아가 권력을 장악했다는데, 왜 프롤레타리아 어머니의 등가죽이 뱃가죽과 붙어 있을까요.

"부르주아 사회에서 살아있는 노동은 그저 축적된 노동을 늘리는 수단일 뿐이지만, 공산주의 사회에서 축적된 노동은 노동자의 삶을 확대하고 풍요롭게 하고 북돋우는 수단이다. 계급과 계급 대립으로 얼룩진 낡은 부르주아 사회 대신 각 개인의 자유로운 발전이 만인의 자유로운 발전을 위한 조건이 되는 연합체가 나타난다."
– 〈공산당 선언〉, 제 2장 "프롤레타리아와 공산주의자" 중에서

여러분, 정말 웃기는 말이 아닙니까? 부르주아 시대의 노동은 축적된 노동을 늘릴 뿐이랍니다. 대한민국 같은 자본주의 국가에서 삽질을 하는 건, 어제까지 해온 삽질에 오늘의 삽질을 더해서 늘리는 것에 불과하다는 말이지요. 그런데 똑같은 삽질을 북한에 가서 하면, 노동자의 삶을 확대하고 풍요롭게 하고 북돋우는 행위가 된답니다.

이게 합리적인 사고인가요? 남한에서의 삽질은 착취당하는 거고,

북한에서의 삽질은 자유로워지고 풍요로워지는 신성한 행위입니까? 삽질은 똑같은 삽질입니다.

마르크스는 공산주의 사회에서 각 개인이 자유롭게 발전한다고 그랬어요. 지난번 평창올림픽 때 북한 사람들이 많이 왔습니다. 그들이 모두, 그리고 항상 배지를 달고 있었지요. 김일성-김정일 얼굴이 그려진 배지였습니다. 그게 자유인가요? 배지를 달고 싶은 사람은 달고, 달기 싫은 사람 달지 않고, 김일성 배지 달고 싶은 사람은 김일성 배지 달고, 걸그룹 배지 달고 싶은 사람은 걸그룹 배지를 달 수 있어야 자유입니다. 모든 사람이 똑같은 배지를 달아야 한다면, 그게 무슨 자유에요? 공산주의 사회에서 노동자는 자유롭게 발전한다고 했지만, 사실은 배지 하나도 자유롭게 달지 못합니다.

"공산주의자들은 자신의 견해와 의도를 감추는 것을 경멸스러운 일로 여긴다. 그래서 자신들의 목적이 기존의 모든 사회질서를 폭력적으로 타도함으로써만 이루어질 수 있다는 사실을 공공연하게 밝힌다. 지배 계급들을 공산주의 혁명 앞에서 벌벌 떨게 하라. 이 혁명에서 프롤레타리아가 잃을 것은 쇠사슬뿐이요 얻을 것은 세계 전부이다. 만국의 프롤레타리아여 단결하라."
– 〈공산당 선언〉, 제4장 "각종 반정부당들에 대한 공산주의자의 태도" 중에서

이 나라의 국회의원들, 지방자치단체장들, 요직을 차지한 붉은 귀족들, 당신들이 존경하는 마르크스가 당신들을 경멸한답니다. 당신들이 청춘을 바쳐서 흠모했고, 지금도 예언자처럼 숭배하고 있는 마르크스가 "공산주의자가 공산주의자인 것을 숨기는 것은 경멸스러운 일"이라고 합니다. 그러니 빨리 공산주의자인 것을 밝히십시오.

한국의 공산주의자들은 정체를 드러내라는 마르크스의 말에는 순

종하지 않고, 벌벌 떨게 하라는 말에는 순종했습니다. 자신이 공산주의자인 건 감추면서 사람들을 벌벌 떨게 했지요. 대구 폭동, 제주 4·3 사태, 여순 반란에서, 남자 경찰관들을 거세하고, 사지(四肢)를 자르고, 자동차에 사람을 묶어서 끌고 다니고, 중학생들을 동원해서 국군과 경찰과 가족들을 불태웠습니다. 남로당이 마르크스의 공포주의 전술을 활용했습니다.

〈공산당 선언〉이라는 책의 전반적인 내용을 소개했습니다. 이제 강의의 결론을 정리하겠습니다. 첫째로, 독일 사회주의 혹은 한국의 좌경화에 대한 마르크스의 논평에 주목하고 싶습니다. 독일 사회주의는 공산주의보다 온건합니다. 사유재산폐지에는 동의했지만, 폭력혁명에는 반대했습니다.

온건한 독일 사회주의를 마르크스가 신랄하게 비판하면서 이렇게 논평했습니다. "사변적 거미줄로 짜고, 화려한 언어의 꽃으로 수놓고, 거기다 가슴을 녹이는 감상적인 이슬까지 뿌린 상태에서 몇 가지 화석화된 〈영원한 진리〉를 감싸고 있는, 독일 사회주의의 이 격정적 외피는 관객들 사이에서 〈독일 사회주의〉라는 상품의 매출을 높이는 데 크게 기여했다."

여기에서 독일 사회주의를 한국 좌파로 바꾸면, 우리 시대의 풍경이 됩니다. '사변적 거미줄로 짜고', 지식인 행세를 하는 자들이 유식한 단어를 써가면서 좌경화 사상을 그럴듯하게 포장합니다. '화려한 언어의 꽃으로 수놓고', 좌파 작가들이 방송에 나와서 화려한 언어로 꽃처럼 수를 놓습니다. '거기다 가슴을 녹이는 감상적인 이슬까지 뿌린 상태에서', 좌파들은 감성터치에 뛰어납니다. 가슴을 녹이는 영화, 감상적인 노래로 사람들의 마음에 이슬을 뿌립니다.

마지막 문장도 이렇게 바꿀 수 있습니다. '한국 좌파의 이 격정적 외피는 관객들, 국민들 사이에서 〈좌파 진보 민주 평화 민족〉이란 이름으로 위장한 상품의 매출을 높이는데 크게 기여했다', 좌익 세력이 공산주의에 기반 한 상품의 매출을 크게 높여서, 정권도 차지하고 언론, 교육, 종교계도 장악한 상황입니다.

둘째로, 공산주의 광풍(狂風)의 시대를 우리는 살아가고 있습니다. 마르크스의 이데올로기가 맞는지 틀린지를 어떻게 구별할까요? 누가복음 7장 35절을 봅시다. "지혜는 자기의 모든 자녀로 인하여 옳다 함을 얻느니라"

누군가가 주장한 지혜가 맞는지 틀린지는 그 지혜가 낳은 자녀, 다시 말해서 그 지혜를 진리로 받아들이고 살아간 사람의 삶의 결론을 통해서 판가름이 납니다. 지혜냐 어리석음이냐, 진리냐 거짓이냐는, 인생과 역사의 현장에서 실천과 행동을 통해 확인됩니다.

이 말씀에 따라, 마르크스라는 지혜가 낳은 자녀를 확인해봅시다. 수많은 공산주의 국가들이 가난해졌습니다. 기독교인들이 탄압 당했고, 인권이 유린당했습니다. 결국에는 사회가 붕괴하고 나라가 망했습니다. 마르크스라는 지혜는 그 자녀로 인하여 거짓됨이 드러났습니다.

대한민국은 전 세계에서 유래 없는 반공(反共)국가로 건국되었습니다. 그리고 50여 년 동안 반공의 기치를 지켰습니다. 그 사이에 한강의 기적도 일어나고 민주화도 이루어냈습니다. 그러다가 좌파 정권이 들어서면서 "공산주의라고 다 나쁘지는 않다"라는 여론이 형성됩니다. 공산화 운동이 민주화 운동으로 둔갑합니다. 그러면서 20여년은 공산주의자와 반공주의자가 섞여 있는 중도적인 체제로 흘러갔습니다.

이제는 "반공을 말하는 놈은 수구꼴통이다", "반공주의자들이 오히려 나쁜 놈이다." "일제시대 친일파가 해방 후에 반공주의자가 됐다"라는 여론이 만연한 친공(親共) 시대가 도래했습니다. 반공을 잘못으로 여기는 시대를 저와 여러분이 살아가고 있습니다.

건국 초기 50년 반공시대, 20년 중도시대, 이제는 친공시대입니다. 친공시대가 열리니 공산주의 지도자 김정은을 언론매체에서 굉장히 좋은 사람으로 비춥니다. 반공정권은 아주 나쁜 것처럼 국민들에게 세뇌합니다. 이 나라의 애국자들은 이 시기를 어떻게 살아가야할까요? 다시 한 번 성경을 기억해야 합니다. "지혜는 그 자녀로 인하여 옳다함을 얻느니라"

이런 시대에 특히 청년들은 관찰을 잘해야 합니다. 지금부터 여러분 주변에 있는 골수 좌파들을 꼽아보세요. 그리고 그 친구의 인생이얼마나 행복해지나 지켜보세요. 좌파들은 국가가 국민을 다 책임진다고 합니다. 돈이 없어도 국가장학금을 받아서 대학에 등록할 수 있습니다. 학교에서 무상급식이 나와서 밥도 무료로 먹습니다. 졸업하는데 취직이 안 돼도 걱정할 필요 없어요. 청년수당이 있고 실업수당이 있잖아요? 국가가 책임져 준다니, 취직 못해도 괜찮지요.

생각해 봅시다. '국가 장학금 받고, 실업 혜택 받고, 복지수당 받으면서 국가에 의존해서 살겠다'고 생각하고 국가가 주는 온갖 혜택, 수당에 의지해서 산 사람이 있습니다. 반대로 '무슨 소리야, 내 인생을 어떻게 국가가 책임져. 내가 열심히 일해야지. 어쩔 수 없는 경우가 아니라면 국가에서 나오는 수당·복지혜택 받지 않고, 내 힘으로먹고 살아야지, 내가 남을 도와줘야지', 어렵더라도 열심히 일하면서 자기 능력을 개발해서 스스로의 힘으로 살아간 사람이 있습니다. 두 사람이 80년을 살았을 때, 인생의 깊이가 같을까요? 누가 성공할 확률이 높고 리더가 될 확률이 높을까요?

공산주의 국가인 북한도 마찬가지입니다. 북한 곳곳에 이런 구호 문구가 나부낍니다. '당이 결정하면 우리는 한다', 북한에서는 당이 결정하는 대로만 해야 합니다. 사유재산이 없으니 어버이 수령이 배급해주는 식량으로 먹고 살았습니다. 그런데 대기근이 닥쳤을 때, 수령님의 배급을 기다리던 사람들은 모두 굶어 죽었습니다. 솔방울로 총탄을 만들었다는 수령님도 인민에게 나누어줄 식량은 없었으니까요.

반대로 수령님 쳐다보지 않고, 공산당의 감시를 피해가면서, 안 입는 옷가지라도 들고 나와서 장마당을 만들고, 물건 하나라도 팔려고 한 사람들, 스스로 살아남을 궁리를 한 사람들이 대기근에서도 살아남았습니다.

공산주의 국가에서조차도, 자신의 인생을 스스로 책임진 사람만 살아남았습니다. 좌파 세상에서도 '국가가 나를 책임져주고, 모두가 골고루 나눠 먹는 세상이 오고...' 이런 좌파적인 생각에서 벗어난 사람만이 살아남게 되어 있습니다. 사람이 사회를 어떻게 만들든지 간에, 세상은 하나님이 세우신 법칙대로 흘러가기 때문입니다.

셋째로 시대를 초월한 하나님의 진리를 확신해야 합니다. 하나님의 법칙은 '뿌린 대로 거두는 법칙'입니다. 우리는 뿌린 대로 거둔다는 법칙에 따라서 식탁 위에 오른 밥을 먹습니다. 뿌린 대로 거둔다는 법칙에 따라서 만들어진 옷을 입습니다. 뿌린 대로 거둔다는 법칙에 따라 제작된 온갖 문명의 이기를 사용하면서 살아갑니다. 그러면서도 '내가 뿌리지 않아도 국가가 대신 거두어 준다. 열심히 뿌려서 많이 거둔 사람과 적게 뿌려서 적게 거둔 사람이 차별 없이 똑같이 나눠 먹어야 지상낙원이 이룩된다'고 생각한다면, 스스로를 속이는 짓입니다.

말씀이 진리입니다. 진리에 따라서 세상이 돌아갑니다. 사람이 진리를 버린다고 진리가 없어지지 않습니다. 진리를 버린 사람, 사회, 체제가 무너질 뿐입니다.

〈십계(十誡)〉라는, 오래된 영화가 있습니다. 영화사(映□史)에 손꼽히는 걸작입니다. 제목 그대로 십계명이 주어진 출애굽 시대를 배경으로 한 영화입니다. 〈십계〉의 거장 세실 B. 데밀 감독이 이런 말을 했습니다. "사람들이 원칙을 깨뜨린다고 말한다. 그 말은 틀렸다. 원칙을 깨뜨리는 것이 아니라, 원칙을 지키지 않음으로써 자신을 깨뜨릴 뿐이다."

내가 원칙을 지키지 않는다고, 원칙이 깨지지는 않습니다. 오히려 내가 깨어짐으로써, 원칙이 유효함을 입증합니다. 원칙을 지키지 않는 개인과 사회, 민족과 국가를 깨뜨림으로써, 원칙은 생존합니다.

하나님이 세상을 지으셨습니다. 하나님이 역사를 주관하십니다. 인생도 세상도 역사도 하나님의 원칙에 따라서 흘러갑니다. 하나님 말씀의 진리를 따라서 살아야 개인도 살고 나라도 살 수 있습니다.

난세(亂世)에는 생존이 과제입니다. 깊어가는 어둠의 시대, 진리의 빛으로 깨어있는 생존자가 되시기 바랍니다. 난세이기에 행동이 절실합니다. 거짓이 지배하는 세상에서는 진실을 말하는 것 자체가 혁명입니다. 시대의 어둠에 파묻히지 않고 밝아오는 새벽을 살아가는, 행동하는 지혜자가 되시기를 주님의 이름으로 축복합니다.

▲ **소련 최고 지도자 스탈린,**
3,000만이 넘는 사람을 숙청하고 학살했다.

"권력에 관한 문제는 모든 혁명의 근본 문제이다." - 스탈린
"혁명에서 기본 문제는 정권문제이다." - 김일성

계승자들은 창시자를 닮았습니다.
마르크스 이후의 모든 계승자들도 권력 중독자들입니다.
스탈린이 생각했던 혁명의 근본 문제는
'가난한 자의 처우개선,
짓밟히는 자들의 인권 문제,
착취당하는 사람들의 존엄성 회복'이 아니었습니다.
공산주의 종주국의 최고지도자가 추구한 혁명의 근본 문제는
'권력의 문제'였습니다.

스탈린이 한반도에 세운 꼭두각시 김일성도 똑같았습니다.
결국 공산주의자들이 노동자니 인권이니
듣기 좋은 소리하지만,
그들이 직접 입으로 털어놓은 혁명의 목적은
권력이었습니다.

공산주의의 본질 2
'민주'라는 이름의 독재

악을 선하다 하며 선을 악하다 하며
흑암으로 광명을 삼으며 광명으로 흑암을 삼으며
쓴 것으로 단 것을 삼으며 단 것으로 쓴 것을
삼는 자들은 화 있을진저 (이사야 5.20)

마르크스와 엥겔스의 〈공산당 선언〉이 1848년에 출판됩니다. 지금부터 170년 전입니다. 마르크스의 이론에 근거한 공산주의가 한때 지구의 절반 이상을 지배했었습니다. 세계를 휩쓸었던 공산주의 국가들도 중국·북한·쿠바만을 남겨놓고 역사의 뒤안길로 사라졌습니다.

마르크스가 책을 집필한지 170년, 사회주의 이론에 근거한 국가들이 무너진 지도 벌써 수십 년이 지났는데, 오늘날 한국에서 마르크스를 다시 논하는 이유가 무엇일까요? 몇 가지 사례를 살펴봅시다.

과거에 마르크스주의자였고 지금은 신학대학교 교수이자 목회자인 김철홍 교수님의 말입니다. "남한의 정통 마르크스주의 이론가들은, 자신들의 이론적 수준이 이미 세계적인 수준에 도달하였다는 것을 1980년대 말-1990년대 초에 있었던 '사회구성체 논쟁'에서 이미 증명했다." 1980년대 말과 90년대 초에 이미, 한국 마르크스주의자들의 수준이 세계적인 경지에 이르렀다는 평가입니다.

그들의 논쟁을 모은 책이 〈한국사회 구성체 논쟁〉입니다. 세계적인 수준의 마르크스주의자들이 이런 책을 내고 가만히 있었으면 좋았을 텐데, 지금도 대한민국에서 맹렬히 활약하고 있습니다. 대표적인 인물이 〈한국사회 구성체 논쟁〉의 편집자, 조희연입니다. 현재 서울시 교육감입니다.

조희연이 이런 발언을 합니다. "인천자유공원의 맥아더 동상을 아직도 허물지 못하고 있다." '인천상륙작전을 성공시켜서 한반도의 공산화를 막은 맥아더의 동상을 허물어야 된다'는 뜻이 내포되어 있다고 충분히 의심할 수 있습니다. 또 다른 발언입니다. "대중과 사회를 좀 더 급진화해서 뚜렷한 계급의식을 갖도록 해야 한다." 마르크스 이론의 핵심이 계급론이지요. '지배자-착취자 계급이 부르주아. 피지배자-생산수단을 갖지 못하는 계급이 프롤레타리아. 역사는 이 둘의 계급투쟁과 갈등을 통해서 진행된다'는 이론입니다.

'계급의식'이라는 말을 서울시교육감이 2018년에 사용합니다. 마르크스적인 어휘를 사용하는 인물이 서울시 교육감입니다. 사회주의 제국이 무너졌지만, 마르크스주의적인 영향력은 한국에 남아 있다고 볼 수 있는 대표적인 사례입니다.

2016년에 통진고등학교 3학년 여학생이 교과서 국정화를 반대하면서 방송에서 인터뷰를 했습니다. 소녀의 인터뷰를 그대로 옮깁니다.

"지금 이 동영상을 보고 계신 분들이 강력한 힘을 가진 부르주아 계급일지는 모르겠습니다. 저는 프롤레타리아 계급입니다. 하지만 사회구조와 모순을 바꿀 수 있는 건 오직 프롤레타리아 레볼루션(혁명)뿐입니다."

어떤 선생님인지, 정말 제대로 가르쳤습니다. 이 짧은 인터뷰에 마르크스의 핵심이론이 다 들어가 있습니다. '부르주아 계급, 프롤레타리아 계급, 사회구조, 프롤레타리아 레볼루션', 모두 공산주의 이론의 용어들입니다.

서울시 교육감에서 고등학교 학생까지, 한국에는 여전히 마르크스의 그림자가 짙게 드리워져 있습니다. 그래서 마르크스와 공산주의를 이해해야, 한국의 현실과 위기를 이해할 수 있습니다. 오늘은 "공산주의의 본질" 두 번째 시간입니다. 제목은 "민주라는 이름의 독재"입니다.

1. 혁명과 권력

"사회주의혁명은 생산수단에 대한 사적 소유를 사회적 소유로 교체하며,
　사람이 사람을 착취하는 제도를 없애 버리는 것을 목적으로 하고 있다."
– 소련의 국정교과서 〈경제학 교과서〉, 북한 공산당 간부들의 교재 〈정치경제학〉

사회주의 혁명으로 개인의 사유재산·사적소유를 철폐해야 한다는 지침입니다. 개개인이 소유하고 있는 재산을 모두 몰수하여 공동 소유로 전환하려면, 엄청난 물리력이 필요합니다. 애써 모은 재산을 순순히 내어줄 사람은 없겠지요. 힘으로 눌러서 빼앗아야 합니다. 사유재산 제도라는, 인간의 역사만큼이나 오래된 제도를 폐지하려고 해도 강력한 힘이 필요합니다.

그래서 공산주의자들은 권력을 추구합니다. 혁명을 성공시키려면 힘이 있어야 합니다. 권력이 필요하지요. 권력을 제일 많이 가진 기관은 정권입니다. 따라서 공산주의자들은 권력 장악에 몰두합니다. 마르크스가 이런 얘기를 했어요. "프롤레타리아는 제일 먼저 정권을 잡아야 하며, 국민의 지도적 계급의 지위에 올라가야 한다. 공산주의자의 직접적인 목적은 프롤레타리아의 정권 확립이다."

'말로만 노동자의 세상, 프롤레타리아 혁명 떠들어 봤자 소용없다. 정말 혁명을 이루려면 강력한 힘, 정권을 장악해야 된다'는 뜻입니다. 마르크스는 굉장히 실천적인 사람입니다. 실제로 살아있는 동안 힘·권력·정권에 굉장히 집착했습니다.

1850년에 구스타프 테호프가 영국의 런던에서 마르크스를 만났습니다. 만난 소감을 기록으로 남겼어요. "지적으로 대단히 타고난 사람이다." 마르크스를 만나는 사람마다 그의 천재성에 감탄했습니다. 그리고 또 이렇게 썼습니다. "지적으로는 천재인데, 증오심이 너무 강하다. 마르크스가 유일하게 존경하는 사람들이 있다. 귀족이다."

똑똑한 사람이 강한 증오심을 품으면 파괴적인 인생을 살게 됩니다. 마르크스는 비판의 달인이었습니다. 누구든지 깎아내리고 가차없이 비판했지요. 천재가 증오심을 가지고 비판을 해대니, 주변사람들이 얼마나 힘들었겠습니까. 똑똑한 머리로 비판하기를 즐겼던 인물인데, 마르크스가 유일하게 존경했던 부류는 귀족이었습니다.

겉으로는 프롤레타리아·노동자·농민을 위하는 척 했지만, 사실은 노동자·농민들을 무시했습니다. 타도해야한다고 외쳤던 귀족들에 대해서는 오히려 존경심을 보였습니다. 테호프의 증언은 이어집니다. "그는 그렇지 않다고 힘을 주어 이야기했음에도, 아니, 어쩌면

바로 그렇게 이야기했기 때문에, 나는 개인적인 권력의 획득이 그의 모든 노력의 목표라는 인상을 받고 그와 헤어지게 되었다."

마르크스를 직접 만나 보니까, 본인은 비록 '그렇지 않다'고 손사래를 쳤음에도, 그의 모든 활동목표가 개인적인 권력의 획득이라는 인상을 강하게 받았다는 기록입니다. 1850년, 당시 32세의 젊은 마르크스에 대한 목격담입니다.

"권력에 관한 문제는 모든 혁명의 근본문제이다." – 스탈린
"혁명에서 기본 문제는 정권문제이다." – 김일성

계승자들은 창시자를 닮았습니다. 마르크스의 모든 계승자들도 권력중독자들입니다. 스탈린이 생각했던 혁명의 근본문제는 '가난한 자의 처우개선, 짓밟히는 자들의 인권 문제, 착취당하는 사람들의 존엄성 회복'이 아니었습니다. 공산주의 종주국의 최고지도자가 추구한 혁명의 근본문제는 '권력의 문제'였습니다. 스탈린이 한반도에 세운 꼭두각시 김일성도 똑같았습니다. 결국 공산주의자들이 노동자니 인권이니 듣기 좋은 소리하지만, 그들이 직접 입으로 털어놓은 혁명의 목적은 권력이었습니다. 나누어준다고 그토록 외쳐댔던 이유는, 움켜쥐고 틀어쥐어서 숨도 못 쉬게 졸라버릴 권력을 차지하기 위해서였습니다. 붉은 위선자들에게 속아서, 이 나라의 숨통이 막히고 있습니다.

2. 혁명과 권력을 위한 윤리

권력이 일순위라면, 나머지 모든 것들은 후순위입니다. 권력이 목

적이라면, 다른 것들은 모두 수단에 불과합니다. 공산주의자들에게는 윤리와 진리도 권력 장악의 수단이 됩니다. 그러므로 공산주의자들의 윤리는 혁명과 권력을 위한 윤리입니다. 사람답게 살기 위한 윤리가 아니지요. 인간됨을 지키기 위한 윤리도 아닙니다.

공산주의 이론에 '진리의 계급성(당파성)' 이론이 있습니다. 공산주의자들은 모든 걸 계급에 따라 나눕니다. 심지어 진리도 계급에 따라 나눕니다. 부르주아들이 진리라고 인정하는 명제는, 부르주아들이 만들어낸, 부르주아들의 진리이기 때문에, 프롤레타리아의 진리가 될 수가 없다는 이론이 '진리의 계급성(당파성)'입니다. 모든 계급에 동일하게 적용되는 진리가 없다는 말이지요.

그러면 부르주아의 진리는 맞는 걸까요 틀린 걸까요? 공산주의자 입장에서는 부르주아를 타도해야 하기 때문에, 부르주아의 진리는 틀린 진리입니다. 그럼 어느 계급의 진리를 참 진리로 인정할까요? 프롤레타리아 계급의 진리만이 참 진리라고 주장합니다.

이 이론을 신학에 그대로 적용하면 해방신학이 됩니다. 해방신학에 '편들기'(taking-side) 이론이 있습니다. 하나님이 편을 드신다는 주장입니다. 예를 들어서 출애굽기에서 이스라엘 노예들과 애굽의 바로가 싸웠습니다. 그때 하나님은 누구의 편을 드셨나요? 바로 편을 들지 않으시고 이스라엘 노예의 편을 드셨습니다.

그 대목을 근거로 '하나님은 편을 드신다. 그러면 구약시대에 이스라엘 노예 편을 드신 하나님은, 지금 20세기 · 21세기에 부자와 가난한 자 중에서 누구 편을 드시겠는가'하고 질문합니다. 이것이 해방신학의 편들기 이론입니다. 마르크스의 '진리의 계급성(당파성)'에서 파생된 신학적인 이론입니다.

이 이론이 맞는지 생각해 볼까요? 부자와 가난한 자가 싸우면 하나님은 누구의 편을 드실까요? 하나님은 옳은 편을 드십니다. 하나님은 무조건 가난한 자의 편을 들지 않으십니다. 성경에 가난한 자를 위한다고 재판을 굽게 하지 말라는 구절이 있습니다(출애굽기 23:3, 6 레19:15). 동시에 부자의 편을 들지 말고 재판을 공정하게 하라는 말씀도 있습니다(신명기 1:17).

부자와 가난한 자가 싸우면, 하나님은 계급에 상관없이 옳은 편을 드십니다. 하나님은 계급에 따라 사람을 차별하지 않으시기 때문입니다. 성경에는 하나님께 쓰임 받은 부자도 있고 가난한 자도 있습니다. 부자가 부자이기 때문에 쓰임 받은 것도 아니고, 가난한 자가 가난하기 때문에 쓰임 받은 것도 아닙니다.

부자냐 가난한 자냐 하는 계급에 따라서가 아니라, 하나님이 쓰실 만한 사람이기 때문에 쓰임 받았습니다. 하나님은 마르크스처럼 편을 가르고 증오심을 부추기는 저열한 행위를 하지 않으십니다.

"우리의 윤리는 전적으로 프롤레타리아의 계급투쟁의 이익에 속해 있는 것이다. 계급투쟁이란 무엇인가. 그것은 자본주의를 타도하는 것이며 자본가 계급을 없애 버리는 것이다." – 레닌, 〈청년동맹의 임무〉

공산주의자들은 혁명에 이로운 행동, 자본가를 타도하는데 도움이 되는 모든 행위를 윤리적인 것으로 인정합니다. 1970년대에 〈남조선민족해방전선 준비위원회(南朝鮮民族解放戰線準備委員會)〉, 줄여서 〈남민전〉 사건이 있었습니다. 공산주의 혁명을 꿈꾸는 자들이 〈남민전〉이라는 단체를 조직하고, 김일성에게 충성을 맹세하는 편지를 썼습니다.

그들이 혁명 자금을 마련하기 위해서 강도짓을 했습니다. 칼을 들고 재벌의 집을 습격해서 경비원을 찌르고 달아났습니다. 이런 짓을 한 폭력범들이 노무현 정권 당시 민주화투사로 인정받았습니다. 국민세금으로 엄청난 보상금도 받았습니다. 살인미수가 왜 민주화운동이 되고, 살인미수범이 왜 유공자로 선정될까요?

계급투쟁을 위해서 저지른 모든 일을 윤리적인 행위로 간주하기 때문입니다. 바로 이것이 공산주의 사상의 악마성입니다. 남민전 관련자들은 지금 본인들이 무너뜨리려고 했던 나라에서 활개치고 있습니다. 베스트셀러 작가도 되고, 국회의원도 되고, 최고경영자도 되었습니다. 김일성에서 충성을 맹세하고 노동자에게 칼을 휘두른 자들이 다스리는 세상을, 저와 여러분이 살아가고 있습니다.

마르크스는 자본가 타도를 외쳤지만, 정작 본인은 자본가들을 뜯어먹고 살았습니다. 그의 대학생 시절에, 아버지가 마르크스에게 편지를 보냅니다. "가장 부유한 학생도 1년에 500탈러 이하를 쓰는데, 너는 부모의 돈을 700탈러나 갖다 썼다." 과소비를 제발 줄이라고, 아버지가 사정을 합니다.

마르크스는 대학생 시절부터, 가장 부유한 학생의 생활비보다 더 많은 돈을 아버지에게 뜯어서 먹고 살았어요. 그러면서도 방학 동안 집에 한 번도 가지 않았습니다. 형제자매의 존재를 무시했어요. 아버지가 돌아가셨을 때는 너무 멀다는 이유로 장례식에 가지도 않았습니다.

엥겔스의 애인이었던 메리 번스(Mary Burns)가 죽었을 때, 마르크스가 엥겔스에게 편지를 보냈습니다. "메리가 아니라, 어차피 병도 들고 또 살만큼 산 우리 어머니가 죽었어야 하는 게 아닌가 하는 생각이 드네."

'자네의 애인인 메리 대신 우리 어머니가 죽었어야 된다'는 내용입니다. 정말, 할 말이 없게 만드는 인간입니다. 자식이 부모에게, 아들이 어머니에게 할 소리인가요? 마르크스는 왜 이런 글을 썼을까요? 어머니가 어서 죽어야, 어머니 몫으로 남겨진 유산을 받을 수 있기 때문입니다.

마르크스가 쓴 글에는, 친척들이 빨리 죽기를 기원하는 대목이 여러 번 나옵니다. 1855년 3월 8일, 마르크스의 편지입니다. "어제 우리에게 아주 행복한 사건에 대한 소식이 전해졌네. 내 아내의 삼촌이 돌아가셨다네." 자기 아내의 삼촌이 죽었다는 연락이 행복한 소식이랍니다. 그분이 돌아가시는 바람에 유산을 상속받을 수 있게 됐거든요. 아버지 돈 뜯어 먹고, 엄마가 장수해서 유산 못 받는다고 불평하고, 자기 아내의 삼촌이 돌아가셨을 때 기쁘다고 자축을 한 인물이 마르크스입니다.

마르크스는 평생 돈 많은 친척들의 유산을 뜯어먹고 살았습니다. 스스로 땀 흘려 노동해서 정식으로 돈을 벌어 본 적이 없어요. 제일 주된 수입원은 친구이자 동지인 엥겔스였습니다. 엥겔스는 부자였습니다. 자본가 계급에 속했던 사람이에요. 마르크스는 자본가인 엥겔스가 보내 주는 돈으로 먹고 살았어요.

그런데 흥미롭게도, 엥겔스 역시 자본가였던 자기 아버지 회사의 돈을 착복해서 마르크스에게 바쳤습니다. 자본가의 기업 활동 자금을, 공산혁명을 부르짖는 엥겔스가 몰래 빼돌려서, 공산주의 창시자인 마르크스에게 보냈습니다.

마르크스의 삶을 실제로 보면, 자본가가 노동자를 착취한 게 아니라 마르크스가 자본가를 착취했습니다. 주변에 있는 자본가들을 착취하면서 "노동자를 착취하는 자본가를 타도하자. 자본가를 타도하는데 도움이 된다면, 모두가 선한 것이고 옳은 것이고 윤리적인 것이다"라는 무시무시한 학설을 주장했습니다.

〈마르크스 평전〉을 쓴 프랜시스 윈(Francis Wheen)의 기록입니다. "사실 마르크스는 어른이 된 이후로 남에게 손을 벌리지 않아도 되었던 순간이 한 번도 없었다. 엥겔스는 현금 상자에서 훔치거나, 자기 아버지 회사 계좌에서 교활하게 빼돌린 돈을 정기적으로 보내주었다."

마르크스가 말로는 노동자를 외쳤지만, 본인은 노동을 하지 않았기 때문에, 일생동안 남에게 손을 벌리고 남의 것을 뜯어먹었다는 증언입니다.

"어떠한 행위도—예컨대 살인이나 양친(부모)에 대한 밀고라도—공산주의의 목적에 도움이 되면 정당화된다." – 레닌, 〈공산주의자의 신조 제10항〉
"공산주의자는 법률위반, 거짓말, 속임수, 사실은폐 따위를 예사로 해치우지 않으면 안 된다." – 레닌, 〈공산주의에 있어서의 좌익소아병〉

공산주의를 위해서라면 무슨 짓을 해도 선(善)입니다. 법률 위반, 거짓말, 속임수, 사실은폐 따위는 예사롭게 해치워야 합니다. 실제로 종북좌파(從北左派)들을 만나보면, 정말 거짓말을 잘합니다. 속임수에 능하도록, 밥 먹듯이 거짓말을 하고도 죄책감을 전혀 느끼지 않도록, 철저하게 훈련되었기 때문입니다.

사람들이 공산주의자들에게 속는 이유는 "설마, 사람이 그렇게까지 거짓말을 하겠어?"하는 생각 때문입니다. 설마가 사람 잡습니다. 설마, 설마 하다가 나라가 무너질 지경입니다. 생각해봅시다. 사람이 공을 시속 150Km로 던질 수 있을까요? 불가능해보입니다. 하지만 가능합니다. 150Km가 아니라 160Km도 가능합니다.

사람이 42.195Km를 2시간 안팎에 달릴 수 있을까요? 2시간은커녕 하루 종일이라도, 그 먼 거리를 뛰는 것 자체가 어려울 듯합니다. 하지만 곳곳에서 열리는 마라톤 대회는 불가능해 보이는 일이 가능하다고 입증합니다. 인간의 팔이 시속 160Km의 속도로 공을 던지고 사람의 다리가 42.195Km를 2시간 정도에 달릴 수 있는 이유는 끊임없는 연습 때문입니다. 어릴 때부터 야구 선수를 꿈꾸며 던지고 또 던지면 가능해집니다. 올림픽에서 금메달을 따는 순간을 마음으로 그리며 수도 없이 달리고 또 달려서 가능해집니다.

던지기와 달리기에서 반복 훈련이 불가능을 가능케 한다면, 거짓말도 마찬가지입니다. 반복하고 또 반복해서, 양심의 가책을 없애고 또 없애서, 입만 열면 자동으로 거짓말이 튀어나오게 할 수 있다는 사실을 공산주의자들이 증명했습니다.

공산주의자들은 부모가 미심쩍은 행동을 하면 고발하라고, 자식들을 세뇌시켰습니다. 아이들이 배운 그대로 행동한 사례가 많습니다. 그래서 공산주의 국가들마다, 자기 부모를 고발해서 수용소에 보낸 소년·소녀들의 동상을 세웠습니다. 자식이 부모를 고발하게 하고, 그걸 잘했다고 동상까지 세우는 체제가 공산주의입니다. 인륜(人倫)을 파괴하는 집단입니다. 부모 자식의 관계를 파괴하는 그들에게, 거짓말은 오히려 쉬운 일입니다.

3. 혁명과 권력을 위한 조직

공산주의자들이 노동자와 농민을 내세우지만, 그들의 목표는 오로지 권력입니다. 권력을 획득하기 위해서는 수단과 방법을 가리지 말라는 것이 공산주의자들의 윤리입니다. 공산주의자들은 권력을 장악하기 위해 이런 윤리에 입각한 조직을 만들어냅니다. 혁명과 권력을 위한 조직이지요.

"운동의 활동가에게 필요한 유일하고 진지한 조직원칙은 다음과 같은 것이어야 한다. 그것은 가장 엄격한 비밀 활동, 가장 엄격한 성원의 선택, 직업 혁명가의 훈련이다." – 레닌, 〈무엇을 할 것인가〉

아주 뛰어난 정예요원을 선발해서, 직업 혁명가로 철저하게 훈련시킨 다음에, 엄격한 비밀 활동을 통해서 정권을 무너뜨리고 권력을 차지한다는 것이 공산주의 혁명의 기본전략입니다.

비록 악한 자들이지만, 애국자들이 배워야할 점이 있습니다. 애국세력의 커다란 잘못이 인재·리더를 길러내지 않은 점입니다. 공산주의자들은 비밀리에, 정예분자를 뽑아서 치열하게 인물을 길러냈습니다. 공산주의자들이 길러낸, 비뚤어졌지만 탁월한 인재들이 청와대에도 들어가고, 지방권력도 장악하고, 언론과 사법부에도 진출했습니다.

1917년, 러시아에서 공산주의 혁명이 일어났습니다. 혁명 당시의 당명(黨名)은 "사회민주노동당"입니다. 공산당이란 이름은 혁명이 성공한 후에, 마르크스의 〈공산주의자 동맹〉을 차용해서 레닌이 지었습니다.

혁명이 일어나기 14년 전, 사회민주노동당 2차 당 대회가 열립니다. 그때 '당원의 자격을 몇 가지로 하느냐'는 안건을 놓고, 사회민주노동당의 중요한 지도자였던 마르토프(Martov)와 레닌이 하루 종일 싸웠습니다.

마르토프는 당원의 자격을 두 가지로 제시합니다. ① 당 강령 노선에 대한 동의. 당이 추구하는 노선에 동의해야 당원이 되는 겁니다. ② 당비의 납부. 현재 우리나라 정당의 당원 중에서 돈 내지 않는 당원들도 많습니다. 1903년 그 옛날에, 당원 가입조건으로, 당의 노선에 동의하고 돈까지 납부하라고 제안했습니다. 이 정도 수준이면 오늘날 대한민국 정당의 가입조건보다 훨씬 까다롭습니다.

마르토프는 두 가지를 주장했는데, 레닌이 반대합니다. 한 가지 조건을 추가하면서, 이 추가조건이 다른 두 조건보다 더 중요하다고 역설합니다. 레닌과 마르토프를 하루 종일 싸우게 만든 세 번째 조건이 바로 '직업 혁명가'입니다.

직업은 '프로페셔널리즘'을 뜻합니다. 느슨하고 여유롭게, 해도 그만 안 해도 그만, 잘하면 좋고 못해도 할 수 없는 수준이 아닙니다. 직업은 전문성을 요구하는 분야입니다. 레닌은 직업, 전문성이 첫째여야 한다고 고집합니다. "당원의 첫 번째 인생목표는 돈 버는 일이 아니고, 공산주의 혁명이어야 한다.", "당원은 혁명을 위해서 풀타임 헌신할 수 있어야 한다.", 당원이 최소한 이 정도는 되어야한다는 말입니다.

레닌이 말한 내용은 지도자의 조건이 아닙니다. 일반 당원이 갖추어야할 자격이고 조건입니다. 그렇다면 너무 버겁지 않습니까. 직장생활을 하면서 당을 지지하고 당비까지 꼬박꼬박 냈는데, 그 정도로는 부족하대요. 공산주의혁명이 직업이어야 한다고 요구합니다. 시간과 정열을 모두 쏟으란 얘기에요.

마르토프를 비롯한 많은 사람들이, 조건이 너무 까다롭다며 반대했습니다. 그런데 레닌이 얼마나 고집이 센지, 하루 종일 논쟁을 그치지 않습니다. 아침부터 밤늦게까지, 정예요원을 선발해서 공산주의를 위해 직업적으로 헌신할 수 있는 혁명가가 모여야 한다고 주장합니다. "후원금만 보내고 파트타임(part time)으로 헌신해서는 혁명을 할 수 없다"면서 레닌이 대의원들을 설득합니다.

이 논쟁을 시작한 아침에는 마르토프가 다수파, 레닌이 소수파였어요. 그런데 저녁이 돼서 투표를 해보니 레닌이 다수파가 되었습니다. 이때부터 레닌 일파에게 별명이 붙습니다. 바로 '볼셰비키'라는 명칭입니다. 한 번쯤은 들어보셨을 단어입니다. 러시아혁명을 볼셰비키 혁명이라고도 하지요. 레닌의 볼셰비키당이 러시아의 공산주의 혁명을 이끌었기 때문입니다. 그 볼셰비키는 다수파라는 뜻입니다.

볼셰비키, 다수파라는 별명은 1903년, 당원의 자격에 대한 레닌과 마르토프의 논쟁에서 등장합니다. 직업적인 혁명가, 공산주의 혁명에 철두철미 헌신하는 정예분자, 엘리트를 길러야 한다는 논쟁에서 볼셰비키라는 이름이 나왔어요.

'볼셰비키'라는 명칭이 말해주는 역사는 무섭습니다. 공산주의자들이 인물을 길러내고 지도자를 배출하는 중요한 과업에 헌신했다는 증거입니다. 이제는 공산주의를 추종하는 자들이 길러낸 리더들에 의해서, 대한민국도 위태로운 지경에 이르게 되었습니다.

"당은 노동자 계급의 지도자의 훌륭한 학교이다. 당은 자기 계급의 지도자이며 수령이며 교사가 아니면 안 된다." – 스탈린, 〈레닌주의의 여러 문제에 부쳐서〉
"공산당이 그 임무를 수행할 수 있었던 것은 그 조직이 가장 중앙집권화 되었을 때뿐이며, 군대와 같은 철의 규율이 당에 보급되고 준수 되었을 때뿐이다."
– 레닌, 〈무엇을 할 것인가〉

스탈린은 직업적 혁명가들이 당을 만들어서, 그 당이 프롤레타리아 계급의 지도자, 수령, 교사가 되어야 한다고 주장했습니다. 결국 공산당이 프롤레타리아 계급을 이끌어 가야 한다는 뜻입니다. 레닌은 공산당 조직은 중앙집권화된 독재체제이어야 하고, 군대와 같은 "철의 규율"을 가져야 한다고 역설했습니다.

이 대목에서 흥미로운 점이 있습니다. 좌익 세력은 박정희−전두환−노태우 정권을 '군사정권'이라고 비판했어요. 군인 대통령, 군사문화, 군사정권 등 "군(軍)"자가 들어가면 이를 갈면서 욕을 해댔습니다. 그런데 똑같이 "군(軍)"자가 들어간 북한의 선군(先軍) 정치는 찬양합니다. 왜지요? 공산당은 군대 같은 철의 규율을 가져야 한다고 배웠기 때문입니다.

군인 출신 지도자들의 반공정권은 군사독재라고 비판하면서, 북한의 선군정치는 찬양하는 행태야말로, '내가 하면 로맨스고 남이 하면 불륜'이라는 말에 딱 들어맞습니다.

직업적 혁명가를 양성하는 레닌의 노선에 따라 강하게 훈육된 지도자들이, 공산당을 조직한 후에, 조직을 군대식으로 강력하게 만들어서 정권을 차지한 다음에는, 무엇을 할까요? 독재를 합니다. 여기에서 등장하는 이론이 프롤레타리아 독재론입니다.

4. 프롤레타리아 독재론

공산주의 국가의 역사를 가만히 보면, 국가의 운명이 마르크스의 인생과 비슷하게 흘러갑니다. 마르크스는 평생 글을 써서 남을 비판하기를 즐겼습니다. 젊었을 때부터 유럽 여러 나라의 군주들을 열 받게 할 만큼 비판을 잘 했습니다. 증오와 비판의 천재였지요.

마르크스는 평생 언론인 비슷한 일을 했습니다. 신문을 발간해서 비판하고 혁명을 선동하는 글을 많이 썼지요. 마르크스가 운영한 신문 가운데 〈노이에 라이니셰 차이퉁〉이라는 신문이 있었습니다. 마르크스의 평생 동료였고 〈공산당 선언〉을 함께 썼으며, 자기 아버지의 돈을 빼돌려서 마르크스와 그 자식들의 생활비까지 대줬던 엥겔스가, 신문사를 운영하는 마르크스의 경영방식을 한 문장으로 정리합니다. "저 신문은 본질적으로 마르크스의 무시무시한 독재에 의해서 운영됐다."

온건한 사회주의자였던 슈테판 보른(Stephan Born)도 이런 얘기를 했어요. "이 압제자의 가장 충성스러운 신하들도 가끔은 그의 혼란스러운 독재를 감당하기 힘들어 했다." 그가 말한 압제자는 마르크스입니다. 마르크스는 신문사 하나를 운영하는데도 엄청나게 독재적이었습니다. 자기 명령, 자기 뜻을 조금이라도 위배한 사람들에게 쓴맛을 보게 하는, 무시무시한 독재 권력을 휘둘렀습니다. 마르크스의 이론을 따라간 공산주의 국가들도 한결같이 독재 체제가 됩니다.

"혁명에서 얻은 결과물을 수호하기 위하여, 노동계급에는 자기의 국가 주권이 필요하며 프롤레타리아 독재가 필요하다." - 북한 공산당 간부들의 교재, 〈정치경제학〉

공산주의 혁명을 한 다음에는 프롤레타리아 계급이 독재해야 된다며, 독재를 정당화시키는 이론입니다. 레닌은 "프롤레타리아 독재 속에 바로 마르크스 학설의 본질이 있다는 것은 다 알려진 사실이다"라고 말했습니다. 마르스크 사상의 본질이 독재라는 실토이지요.

그러면 프롤레타리아 독재가 들어섰을 때, 프롤레타리아가 갖는 권력은 어느 정도일까요? 레닌은 이렇게 말했습니다. "독재의 과학적인 개념은 어떤 것에 의해서도 제한되지 않는, 어떠한 법률에 의해서도 절대로 구속되지 않는, 직접 폭력의 근거를 둔 권력이다. 독재란 법률이 아닌, 힘에 근거를 두는 무제한의 권력을 뜻한다."

얼마나 무서운 말입니까! 예를 들어봅시다. 겉으로 보기에는 살인자와 비(非)살인자의 차이가 큽니다. 하지만 속으로 마음을 들여다보면 비슷할 수도 있습니다. 이제까지 살면서 '쟤 한번 때려주고 싶다.' 좀 더 과격하게 표현하면 '죽이고 싶다'는 생각, 안 해보신 분 있으신가요? 살다보면 누군가 한번 때려 주고 싶을 때가 있지요. 내 속에는 그 충동이 있는데, 충동을 제한하지 않았습니까? 충동을 제한하지 않고, 무제한으로 발휘하면 살인자가 됩니다.

저와 여러분이 충동을 제한합니다. '내가 예수 믿는 사람인데 때리면 안 되지.' 종교가 나를 제한하기도 하고, '때렸다가 고소당하면 감옥가야 돼', 법률이 제한하기도 합니다. '저 사람이 잘못했지만 나도 비슷한 잘못을 많이 했는데, 그 때마다 사람들이 날 때리진 않았잖아?', 양심이 제한하기도 합니다. 종교·법률·양심은 사람의 충동을 제한합니다. 폭력적인 행동을 제어하는 역할을 하지요.

그런데 공산주의자들은 프롤레타리아 독재 권력을 '무제한의 권력'이라고 규정합니다. 법으로도 양심으로도 종교로도 막을 수 없는 권력입니다. 무제한의 권력을 나쁘게 발휘하면, 나쁜 짓을 무제한 할 수 있게 됩니다. 폭력을 양심·종교·법에 제한받지 않고 마구 휘두를 수 있는 거예요.

그래서 공산주의 국가에서는 잔인하고 끔찍한 일이 무제한적으로 벌어지게 됩니다. 눈 하나 깜짝하지 않고 수많은 사람을 죽일 수 있는 이유, 바로 '프롤레타리아 독재' 이론에 있습니다. 직접 폭력에 근거를 둔 무제한의 권력, 공산주의자들은 이런 무서운 이론을 '민주주의'라고 부릅니다.

"프롤레타리아 독재는 최고 형태의 민주주의이다. 프롤레타리아 독재 아래 있는 민주주의는 프롤레타리아적 민주주의이며, 소수 착취자들을 억압하기 위한 다수 착취자들의 민주주의다." – 북한 공산당 간부들의 교재, 〈정치경제학〉

자본주의 사회에서 민주주의를 민주주의로 만드는 요소가 무엇일까요? 제일 쉽게 대답할 수 있는 자료가 링컨의 연설입니다. '국민의, 국민에 의한, 국민을 위한 정치' 국민주권, 국민자치, 국민복지가 민주주의의 충분조건이라고 말할 수 있습니다. 민주주의 특징인 복수정당제로 답해도 됩니다. 그 외에도 민주주의에는 헌법에 의한 지배, 삼권분립 같은 다양한 정의와 특징이 있습니다.

그러면 공산주의자들이 말하는 민주주의는 뭘까요? 진리의 계급성(당파성)이 여기에도 적용됩니다. 계급에 따라 민주주의에 대한 정의도 바뀝니다. 공산주의에 의하면 부르주아가 지배하는 게 민주주의일까요, 프롤레타리아가 지배하는 게 민주주의일까요? 당연히 프롤레타리아가 지배하는 것입니다. '국민의, 국민에 의한, 국민을 위한, 복수정당제, 삼권분립' 이런 탁월한 제도들은 모두 자본주의에서 말하는 민주주의에만 있습니다.

공산주의자들이 말하는 민주주의는 한마디로 '다수자에 의한 지배'입니다. 그러면 부르주아의 인구수가 많을까요? 프롤레타리아 노동자 수가 많을까요? 당연히 프롤레타리아가 많습니다. 공산주의자들은 이렇게 주장합니다. "부르주아는 소수고 프롤레타리아는 다수다. 소수의 지배는 독재지만, 다수의 지배는 많은 사람들의 의견을 참조하기 때문에 민주주의다. 다수가 다스리는 민주주의야말로 윤리적이다. 윤리적이기 때문에 무제한의 독재 권력을 부여해도 된다. 무제한의 권력이 많은 사람에게 돌아가기에 참다운 민주주의를 이룰 수 있다."

들어보면 그럴 듯해요. 민주주의는 다수자에 의한 지배이기 때문에 프롤레타리아가 독재해도 민주주의가 된다고 합니다. 현실적으로 따져봅시다. 프롤레타리아는 생산수단을 소유하지 못한 무산(無産) 계층입니다. 노동자, 농민, 빈민들입니다. 소련을 예로 들면 프롤레타리아의 숫자가 수 천만 명입니다. 그러면 수 천만 명이 지배자가 되어서 국가를 통치할 수 있을까요? 현실적으로 불가능합니다. 그래서 공산당이 프롤레타리아의 대표가 됩니다. 프롤레타리아에게 부여된 권력을 공산당이 받습니다. 프롤레타리아에게 무제한으로 허용된 폭력과 권력을 공산당이 행사합니다. 결국 공산당의 무한 독재가 가능해집니다.

1848년 8월에 카를 슈르츠(Carl Schurz), 나중에 미국의 상원의원도 되고 내무부장관도 되는 인물이, 마르크스를 직접 만났습니다. 당시 마르크스의 나이가 서른 살 정도 밖에 안 됐는데, 이른 나이에 사회주의 학파의 수장(首長)으로 불릴 만큼 학계의 인정을 받고 있었지요. 마르크스와 대화한 소감을 슈르츠가 기록했습니다.

"나는 태도가 그렇게 도발적이고 견디기 힘든 사람을 본 적이 없었다. 그는 자신의 의견과 다른 의견이 나왔을 때, 겸양으로라도 한 번 생각해주는 척 하는 법이 없었다. 그는 그와 생각이 다른 모든 사람을 야비하게 경멸했다. 그는 마음에 들지 않는 주장이 나올 때마다 그런 주장을 하게 된 한없는 무지를 신랄하게 경멸하거나, 아니면 그런 주장을 개진한 사람의 동기에 대해 무례하게 비방을 해댔다. 나는 그가 남의 말을 자르고 경멸적으로 '부르주아'하고 내뱉던 모습을 똑똑하게 기억한다. 그는 자신의 의견에 감히 맞서는 모든 사람을 '부르주아'라는 말—그 말은 정신적이고 도덕적인 타락의 가증스러운 예라는 뜻이었다—로 비난했다."

누군가가 본인의 마음에 들지 않는 말을 합니다. 그러면 마르크스가 말을 자르고, '이 부르주아야!'하고 비난합니다. 마르크스는 자기 마음에 들지 않는 사람들을 무차별적으로 '부르주아'라고 공격했습니다.

마르크스의 문제가 공산사회의 비극이 됩니다. 프롤레타리아 독재 이론의 치명적인 독소(毒素)가 권력남용입니다. 마르크스처럼, 다른 의견을 내는 사람을 '부르주아'로 매도해서 묵살해 버립니다. 반대파를 공격하고 모욕하고 죽여도 괜찮습니다. 이견(異見)을 낸 사람은 부르주아고, 소수자니까 당해도 된다는 논리입니다. 나는 프롤레타리아고 다수자니까, 내가 하는 모든 행동은 윤리적이고 민주주의적인 행위가 됩니다.

이런 방식으로, 프롤레타리아와 부르주아의 대립구도를 이용해서, 얼마든지 마음에 안 드는 상대를 부르주아로 몰아서 처단할 수 있습니다. 마르크스가 그런 짓을 참 좋아했어요. 조금이라도 마음에 안 드는 사람을 부르주아로 몰아서 경멸하고 공격했습니다. 그 수법을 똑같이 이어받아서 세계의 공산주의자들이 반대파들을 잔인하게 죽였습니다. 그러면서 민주주의라고 주장했지요. 고문, 강제수용소, 폭력, 학살을 민주주의의 이름으로 가능하게 만든 것, 공산주의의 악마적인 천재성입니다.

인간에게는 악이 있습니다. 그래서 제한이 필요합니다. 내면에 깃들인 악이 활개를 치고 다니지 못하도록, 종교와 교육과 양심이, 혹은 법과 제도로 제한해야 합니다. 그런데 공산주의는 프롤레타리아 독재의 이름으로 악이 무제한으로 뿜어져 나와도 된다는 면죄부를 주었습니다. 악한 본성은 날개를 달고 마음껏 날았습니다. 날개 달린 악은 마침내 괴물이 되었습니다. 악이 날아다닌 하늘, 괴물이 밟고 다닌 땅은 참극으로 얼룩졌습니다.

시체가 쌓여서 산이 되도록, 피가 흘러서 강이 되도록, 혁명과 민주의 이름으로 죽이고 또 죽였습니다. 해골들이 쌓여있는 캄보디아의 킬링필드, 소가 싸놓은 똥에 박힌 옥수수를 주워서 먹는 북한의 수용소, 사람 시체를 뜯어먹은 소련과 중국, 공산주의의 기괴한 다큐멘터리는 길고 오래 이어지고 있습니다. 공산주의는 인간 안에 있는 악이 얼마나 무섭고 추악한 지를 적나라한 현실로 드러냈습니다.

5. 사실 확인, 누가 독재하는가

공산주의 이론의 본질은 권력을 장악하는 것입니다. 공산주의자들의 윤리에 의하면, 권력을 차지하기 위해서는 수단과 방법을 가리지 않아도 됩니다. 프롤레타리아의 정권획득, 계급투쟁에 도움이 되는 모든 것은 선입니다.

권력을 획득하기 위해서, 수단방법 가리지 않는 무서운 윤리관으로 무장한 단체를 만듭니다. 그 단체가 공산당이지요. 공산당은 정예분자를 중심으로 구성돼요. 공산당의 투쟁으로 정권을 쟁취하고 프롤레타리아가 독재권을 갖습니다.

이 이론이 현실에도 적용되는지 확인해봅시다. 소련에서 공산주의 혁명이 일어났습니다. 선동가들의 말대로라면, 혁명이 성공한 다음에 프롤레타리아가 독재해야 됩니다. 그런데 소련에 프롤레타리아가 수

백만 수천만 명입니다. 농민, 재산이 없는 가난한 사람들까지 포함한다면 1억 명이 넘었을 겁니다. 대략 5천만 명이었다고 가정해봅시다.

프롤레타리아가 독재를 해야 하는데, 무려 5천만 명입니다. 5천만 명이 독재를 할 수 있을까요? 5천만 명이 다 정치 지도자가 되어서 권력을 휘두르면, 농사는 누가 짓고 공장일은 누가 할까요? 프롤레타리아가 독재한다는 명분으로 혁명을 했는데, 혁명하고 나서 봤더니 프롤레타리아 숫자가 너무 많습니다. 그러면 프롤레타리아들을 이끄는 조직이 나서게 됩니다. 프롤레타리아를 대표해서 조직이 권력을 행사하게 됩니다. 그 조직이 바로 공산당입니다. 그래서 프롤레타리아 독재라고 이름을 붙여도, 결국에는 공산당 독재로 넘어가게 됩니다.

"당이 임무를 수행하며 계획적으로 대중을 지도하기 위해서는 개개의 조직이 중앙 기관에 복종하며 하부조직이 상부조직에 복종하는 중앙집권제의 원칙 위에서 조직되어야 된다." - 〈소련공산당사〉

프롤레타리아를 대표해서 공산당이 독재를 합니다. 그런데 공산당원 숫자도 너무 많습니다. 소련의 전성기에는 공산당원도 몇 백만 명에 이릅니다. 몇 백만 명이 어떻게 동시에 독재를 합니까? 불가능하지요. 그래서 당을 중앙집권적 조직으로 만들어야 한다고 〈소련공산당사〉에 기록되어 있습니다. 당 위에 조직·기구를 만들어야 한다는 뜻입니다. 결국은 프롤레타리아 위에 공산당이 있고, 공산당 위에 또 다른 조직과 기구가 있게 됩니다.

"우리 공화국에서는 당중앙위원회의 지도적인 지령 없이는 어떤 국가기관도 중요한 정치상의 또는 조직상의 문제를 결정할 수 없다."

– 레닌, 〈공산주의에 있어서의 좌익소아병〉

이 구조를 잘 이해하셔야 됩니다. 공산주의가 겉으로 노동자 농민을 내세우지만 결국은 소수 독재자들의 압제체제가 되는 이유입니다. 프롤레타리아 독재를 외쳤지만, 프롤레타리아 숫자가 너무 많습니다. 많은 숫자가 독재를 할 수 없으니, 프롤레타리아의 대표인 공산당을 만듭니다. 그러면 공산당이 독재해야 되는데 공산당원이 또 수십만 명입니다. 공산당원도 독재 할 수가 없어서, 공산당을 이끄는 중앙위원회를 만듭니다. 그 위원회에 소속된 인원이 10-15명, 결국 이들이 몇 억 명을 이끄는 독재체제가 구축됩니다.

그러면 중앙위원회는 어떤 사람들로 구성될까요? 최고 지도자와 사이가 좋은 사람일까요 나쁜 사람일까요? 권력자의 측근일까요 반대자일까요? 물어보나 마나 한 질문이지요. 권력자의 측근과 심복을 중심으로 중앙위원회가 구성됩니다. 이런 과정을 통해서 1인 독재체제가 완성됩니다.

소련의 중앙위원회는 스탈린의 측근들로 조직됩니다. 중국도 마찬가지로 마오쩌둥의 말을 잘 듣는 사람들이 지도부를 구성합니다. 북한도 김일성 일파가 통치하지요. "프롤레타리아 독재, 다수자의 지배, 노동자 농민이 주인 되는 세상"이라는 멋진 슬로건으로 시작했지만, 결국에는 봉건시대에도 없었던 독재 권력을 휘두르는, 독재자 1인의 영구 집권체제가 됩니다. 이것이 바로 공산주의의 본질입니다.

"공산주의 정부는 순식간에 당 지도자들의 협소한 동아리가 되어버린다. 프롤레타리아의 독재라 하는 주장은 공허한 슬로건으로 되어버리고 만다. 이와 같은 상태에 도달하는 과정은 불가피한 여러 요인과 더불어 발전하며,

'당은 프롤레타리아의 전위'라고 하는 이론은 이러한 과정을 촉진할 뿐이다. 당은 권력을 잡자마자 노동자 계급과 근로대중의 이익을 대표한다고 말하면서 모든 권력을 지배하고 모든 재화를 수중에 긁어모은다. 혁명투쟁 중의 약간의 기간을 제외한다면 프롤레타리아는 이런 일에 참여하지 않으며, 다른 어떤 계급에 비해서도 큰 역할을 하지 않는다."

– 밀로반 질라스(Milovan Djilas), 〈새로운 계급〉

　　유고슬라비아의 공산당 지도자였던 밀로반 질라스가 이 과정을 제대로 요약했습니다. 그가 쓴 책의 제목처럼, 공산주의혁명의 성공결과는 "새로운 계급"의 출현입니다. 공산주의자들이 귀족·양반·특권층이 되어서 자기들끼리 권력을 배분하고, 모든 국민들을 가난하게 만들면서 초호화 사치를 누리는 귀족이 됩니다.

　　계급차별을 없애겠다는 공산주의 혁명은 결국 붉은 귀족, 공산주의 귀족이라는 새로운 계급을 만들어냅니다. 실제로 공산주의 국가들의 지배층을 가리켜서 '노멘클라투라'라고 불렀습니다. 노멘클라투라는 로마제국의 공식 언어였던 라틴어의 '노멘클라토르'에서 나온 말입니다. 노멘클라토르는 귀족들의 연회에서 손님들의 자리를 정해주는 역할을 했던 인물입니다. 권력을 가진 귀족들에게 접근하여 이권(利權)을 얻으려는 사람들은 노멘클라토르에게 뇌물을 주었습니다. 노멘클라토르는 뇌물을 받고 귀족들과 가까이에서 대화할 수 있는 자리를 배정해주었습니다. 그러면 귀족들과 친밀한 관계를 맺어서 특혜를 받을 수 있었습니다.

　　이처럼 끼리끼리 특권과 이익을 주고 받는 공산당 간부들을 가리키는 단어가 "노멘클라투라"입니다. 계급을 폐지한다는 공산주의 사회에서 출현한 귀족 계급입니다.

동독(東獨)의 공산주의자 울브리히트(Ulbricht)는 이렇게 말했습니다. "민주적으로 보이도록 하라. 그러나 일체를 당의 수중에 장악하라" 공산주의의 본질을 꿰뚫은 말입니다. 공산주의의 본질은 '민주라는 이름의 독재'입니다. 겉으로는 민주와 인권을 외치지만 사실은 독재입니다.

또 하나, 공산주의의 본질은 '민중이라는 이름의 귀족'입니다. 민중을 위한다지만 사실은 귀족 체제입니다. 저는 마르크스와 엥겔스가 쓴, 가장 중요한 글이 1845년 3월에 엥겔스가 마르크스에게 보낸 편지라고 생각합니다. 〈공산당 선언〉이라는 공산주의의 경전을 쓴, 두 공산주의 시조가 주고받은 편지에요. 짤막한 편지에 이런 대목이 있습니다. "프롤레타리아가 무엇인지 우리는 알지 못하며, 사실 알기도 어려울 걸세."

이것이 실상(實像)이고 핵심입니다. 엥겔스가 마르크스에게 보낸 편지에 나오는 말입니다. '솔직히 우리는 프롤레타리아가 뭔지 모르잖아. 너랑 나랑은 귀족으로 잘 먹고 잘 사는데 어떻게 프롤레타리아를 알겠어...' 두 사람 다 노동자의 삶을 살아 본 적이 없습니다. 프롤레타리아가 뭔지도 모릅니다.

마르크스가 노동자를 만난 적이 있습니다. 막노동하는 진짜 노동자입니다. 마르크스는 노동자가 혁명의 전위라고 썼습니다. 실제로 노동자 한 사람이 혁명의 전위답게 공산주의 이론을 공부해서 이론가가 됐습니다. 마르크스가 그를 만나고 너무 놀라서 자기 친구에게 소리를 질렀습니다. "야. 오늘 내가 막노동하는 노동자를 만났어!" 노동자를 구경도 못한 사람이 노동자의 천국을 외쳤으니, 위선 중의 위선입니다.

마르크스는 평생 돈 버는 일을 안 하면서도 기회만 되면 사치를 즐겼습니다. 그래서 늘 돈이 부족했지요. 보다 못한 그의 아내 예니 마르크스(Jenny Marx)가 "내가 당신 일을 도와주는 비서가 되겠다"고 자처합니다. 그런데 아내의 호의를 한사코 마다하고, 마르크스는 비싼 돈을 들여서 굳이 비서를 고용합니다. 본인 정도 되는 사상가에게, 비서가 없는 건 수치스러운 일이라고 고집을 부리지요.

마르크스가 아내의 명함을 파서 주변에 돌렸습니다. 상인들을 만나거나 동지들, 운동가들을 만날 때 자랑스럽게 명함을 뿌렸습니다. 명함에는 '예니 마르크스 부인. 옛날 성(姓)은 베스트팔렌(Westphalen) 여남작'이라고 적혀 있었습니다.

서양에서는 아내가 결혼하면 남편의 성을 따릅니다. 그런데 아내의 처녀적 성이, 베스트팔렌 남작이라는 사실을 홍보하고 다녔습니다. 자신의 아내가 귀족이라는 점을 과시했습니다.

실생활에서, 마르크스는 노동자들을 착취했습니다. 동네 빵가게, 식료품점, 구멍가게 주인들에게 돈을 빌리고 물건을 외상으로 구매했습니다. 그래놓고 외상값은 갚지 않고 방학 때마다 해변으로 휴가를 갔습니다. 휴가를 준비하면서 마르크스 부인이 입을 옷을 새로 사요.

마르크스에게 외상을 주었던 빵가게 아저씨가 그걸 보고 얼마나 화가 나겠습니까. "휴가용 옷을 따로 살 돈이 있으면, 우리 집에서 가져간 빵 값이나 갚아!" 했더니 마르크스가 대답합니다. "귀족의 딸이, 남작 부인이 휴가지에서 헌 옷을 입고 돌아다니면 체면이 서겠나?" 마르크스는 평생 체면이나 내세우면서 남의 돈 뜯어먹고 귀족 놀음을 했습니다. 엥겔스도 마찬가지였지요.

마르크스는 권력을 잡으려고 늘 기회를 엿보았습니다. 자신이 처한 상황에서 권력을 장악할 방법을 찾았습니다. 그래서 '권력을 가질 수 있는 방법은 노동자들을 선동해서 혁명을 일으키는 수밖에 없다'고 계산했습니다. 그것이 마르크스의 속마음이었습니다. 하지만 속마음을 감추고, 없는 사람들을 내세워서 악마적인 이론을 만들었습니다.

그러면 마르크스의 시대에는, 그와 같은 위선자가 아니라, 진짜 노동자와 농민을 위한 사회주의자가 있었을까요? 있었습니다. 대표적인 인물이 양심적인 의사였던 안드레아스 고트샬크(Andreas Gottschalk)입니다. 그는 존경받는 의사였습니다. 돈을 벌기 위해서가 아니라, 사람을 고치기 위해서 의료 행위를 했다는 평가를 받았지요. 실제로 치료비를 받지 않고 가난한 노동자와 농민들을 많이 치료해 주었습니다. 안드레아스 고트샬크가 〈쾰른 노동자 협회〉를 조직합니다.

그를 보고 마르크스가 어떻게 반응했을까요? 귀족생활 하면서 빵 가게 주인과 식료품 주인의 돈을 빌리고 외상값도 갚지 않은, 가난한 사람을 착취하면서 먹고 살았던 마르크스의 반응이 어땠을까요? '나는 가짜지만 이 사람은 진짜다'라고 존경 했을까요? 천만의 말씀입니다.

마르크스는 가난한 사람을 보살피는 진짜 사회주의자에게 무지막지한 비난을 퍼부었습니다. 왜 그랬을까요? 자신이 권력을 잡아야 하기 때문입니다. 마르크스가 만든 신문 〈노이에 라이니셰 차이퉁〉이 5,000부쯤 발행됐습니다. 그 당시에는 꽤 많은 판매부수였지요.

그런데 고트샬크가 만든 〈쾰른 노동자 협회〉는 결성하자마자 8,000명이 회원으로 가입합니다. 마르크스 본인이 만든 신문의 구독자는 5,000명인데, 의사가 만든 협회에는 노동자 8,000명이 가입했습니다. 얼마나 열 받았겠습니까! 공산주의자의 목표가 권력이고 본질이 권력입니다. 그런데 권력이 다른 사람에게 넘어갈 판입니다. 그러자 마르크스가 무시무시한 비난을 퍼부었습니다. 진짜 가난한 사람을 도운 고트샬크를 맹렬히 비난합니다.

공산주의자들이 하는 짓들이, 여기에서나 저기에서나 비슷합니다. 우리나라도 마찬가지입니다. 농민들에게 땅을 나누어준 인물이 누구입니까? 이승만(李承晩) 대통령이지요. 토지개혁을 강행해서 5천 년 만에 처음으로 농민들에게 땅을 주었습니다.

이 나라의 공산주의자 또는 좌파, 운동권 세력이 "이승만은 부정선거를 저지른 독재자이지만, 그래도 가난한 농민들한테 땅을 나눠 준 일은 잘했다." 이 정도라도 평가한 적이 있나요? 이와 유사하게라도 발언한 한국의 공산주의자가 있을까요?

우리는 5천 년 동안 밥 세끼도 못 먹던 가난한 나라였습니다. 밥 세끼도 못 챙겨 먹었던, 3천 만이 넘는 거대한 숫자의 사람들을, 밥 세끼를 다 먹게 하고 야식(夜食)까지 먹게 만든 인물이 있습니다. 한 세대 만에 3천만이 넘는 인구를 빈곤에서 탈출시킨, 인류 역사상 단 한 명의 지도자가 박정희(朴正熙) 대통령입니다. 이건 아무도 부인하지 못하는 사실입니다.

그런데 "박정희가 독재자이고 군사혁명도 일으킨 반동분자지만, 그래도 밥 굶는 우리 국민에게 밥을 먹게 해줬으니, 그거 하나는 잘했다"라는 정도라도, 인정하는 좌파를 본 적 있으십니까? 똑같은 거예요. 마르크스의 입에는 노동자·농민이 붙어있었지만, 정말 노동자·농민을 위했던 의사에게는 독설을 퍼부었습니다. 지금 좌파가 입으로는 '가난한 자·민중'을 운운하지만, 진짜 가난한 농민들에게 땅을 나눠준 이승만, 진짜 밥 굶는 백성들이 밥 먹게 만든 박정희에 대해서는 욕설과 저주를 퍼붓습니다.

왜 그럴까요? 가짜는 진짜를 보면 열 받게 되어 있기 때문입니다.

가난한 백성을 배불리 먹인 인물들은 자유민주주의를 신봉하는 지도자들이었지, 노동자·농민을 앞에 내걸고 사치를 즐긴 좌파들이 아닙니다.

6. 결론

이사야서 5장 20절의 말씀을 읽겠습니다. "악을 선하다 하며 선을 악하다 하며, 흑암으로 광명을 삼으며 광명으로 흑암을 삼으며 쓴 것으로 단 것을 삼으며 단 것으로 쓴 것을 삼는 자들은 화 있을진저" 대한민국이 지금 이 말씀을 통과하고 있습니다. '악을 선하다 하며', 공산주의가 악이고 주체사상이 악입니다. 400만 명을 굶겨 죽이고 6·25전쟁을 일으켜서 300만 명을 죽거나 다치게 만들고, 100만 명을 정치범수용소에 가둔 김씨일가·백두혈통이 악입니다. 그런데 지금 그 악을 선이라고 찬양하지 않습니까.

'선을 악하다 하고', 가난한 백성을 배불리 먹인 지도자들을 악하다고, 독재자라고 욕하지 않습니까? '흑암으로 광명을 삼으며 광명으로 흑암을 삼으며 쓴 것으로 단 것을 삼으며 단 것으로 쓴 것을 삼는 자들은 화 있을진저', 이 말씀을 피해갈 수 없습니다. 하나님이 '화 있을진저'라고 말씀하실 때는 무서워서 떨어야 합니다. 선을 악이라고 하고, 악을 선이라고 한 결과는, 심판의 시대입니다.

이 나라가 심판을 받아서 비틀거리고 있나요, 아니면 축복을 받아서 번영하고 있나요? 요즈음 한국 경제가 제대로 성장합니까? 청년 실업률은 최고 기록을 계속해서 갱신합니다. 언론에서 제대로 보도하지 않는데, 범죄율이 가파르게 증가하고 있습니다. 경제가 무너지고 실업자가 많아지고 범죄자가 늘어납니다. 이 땅에 화가 임하고 있습니다.

'선을 악이라고 하고 악을 선이라고 하면 화 있을진저', 하나님의 말씀을 피해갈 수 없습니다. 사람이 아무리 그럴듯하게 포장을 하고 위장을 해도, 하나님 말씀은 어김없이 이루어집니다. 선을 선이라고 해야 하고, 악을 악이라고 말해야 합니다. 그렇지 않으면 하나님의 심판을 받을 수밖에 없습니다.

잠언 11장 11절입니다. "성읍은 정직한 자의 축복으로 인하여 진흥하고 악한 자의 입으로 말미암아 무너지느니라" 정직한 자가 마음껏 축복할 수 있는 성읍이 진흥합니다. 반대로 악한 자가 거짓말을 퍼뜨린 결과로 성읍이 무너집니다. 한강의 기적을 이루었던 대한민국의 성읍이 악한 자의 입으로 말미암아 무너지고 있습니다.

이 무너짐이 오래갈 겁니다. 거짓말의 년수가 오래되었기 때문입니다. 정직한 입술을 틀어막고, 거짓의 목소리를 퍼뜨려온 역사가 꽤 길어졌습니다. 선을 악으로, 악을 선으로 받아들이도록 세뇌당한 세대들이 우리사회의 주역으로 진입하고 있습니다.

세뇌의 공작이 성공한 시절, 깨어있는 그리스도인은 고독합니다. 선을 선이라고 말하기에 고독하고, 악을 악이라고 말하기에 고독합니다. 떼와 무리를 이룬 집단에서 내쳐져 광야에 홀로서는 고독입니다.

고독할 수밖에 없다면 고독을 받아들여야 합니다. 권력에 아첨하고 무리에게 아부하기 위해서 진리의 고독을 피해갈 수는 없습니다. 어차피 홀로 와서 홀로 가는 인생입니다. 외로움을 길동무로 삼아야 하는 살이(生)일진대, 켜켜이 쌓인 외로움에 진리를 따라가는 한 층을 더한다고, 특별히 억울하지도 대단히 힘겹지도 않습니다.

고독에는 선물이 있습니다. 고독을 스스로 받아들일 때, 카리스마가 빛납니다. 진리를 위한 고독이라면 자부심도 솟구칩니다. 생각을 뒤집어보면 멋진 일입니다. 거짓의 물결에 휩쓸려가지 않고, 나 혼자 잘 먹고 잘 살려고 침묵하지도 않고, 진리를 위해서 투쟁하는 삶에는 숭고한 매력이 있습니다. 한 번 사는 인생, 멋지게 산다는 건 멋진 일입니다.

진실을 외치기 위해서 대가를 치러야 하는 시대는 그리스도인들에게 오히려 기회입니다. 선을 선이라고 말하고, 악을 악이라고 말하고, 정의를 정의라고 말하는 용감한 의인으로 살 수 있도록, 하나님이 주신 기회입니다.

진리를 외치며 진실하게 산다는 것, 멋진 일입니다. 시대의 어두움을 헤치고 나면, 어두운 시대를 견뎌낸 고독한 카리스마가 빛나는 순간이 있습니다. 그날을 기다리는 당당한 자부심으로, 오늘의 전장(戰場)을 향해 진군합니다.

▲ 러시아혁명을 성공시킨 공산주의 혁명가 블라디미르 레닌. 황제가 다스리던 제정러시아를 무너뜨렸다.

▲ 레닌의 저서, 〈공산주의에 있어서의 좌익소아병〉 초판본

전위(前衛), 곧 정예화된 혁명가 그룹이 만들어졌다고
곧바로 혁명을 추진하는 것은 죄악이라는,
레닌의 말입니다.
혁명에 목숨을 건 전위가 준비되는 것은 기본입니다.
그 이외에 전 계급이 혁명에 호의적이거나,
적어도 호의적인 중립이거나,
또는 최소한 공산혁명을 반대하는 우파,
자본주의 세력에 대해서 대중이 적대시하는 상황이 와야
혁명이 성공할 수 있습니다.

… 제가 왜 공산주의를 강의하느냐 하면,
우리 눈앞에서 전개되고 있는, 나라가 무너지는 풍경이
하루아침에 이루어진 일이 아님을 알리기 위해서입니다.
우리의 조국(祖國)을 무너뜨리기 위한,
공산주의자들의 전략이 있었고 방법론이 있었고
오랜 실천이 있었습니다.

공산주의의 본질 3
투쟁의 기술

지난주에 함께 나누었던 내용을 복습하겠습니다. 공산주의자들은 노동자, 농민, 무산자 계급, 프롤레타리아를 위한 혁명을 부르짖습니다. 자본가계급을 타도하고 사유재산제도를 폐지해서, 사람 위에 사람 없고 사람 밑에 사람 없는 세상, 부자도 가난한 자도 없는 평등한 세상을 만들자고 선동을 합니다.

이렇게 가난한 사람, 프롤레타리아를 내세워 혁명하는데, 혁명이 성공한 후에 모든 프롤레타리아가 지도자가 될 수는 없습니다. 어느 나라든지 노동자와 농민, 빈민의 숫자를 합치면 어마어마하니까요. 그들이 모두 지도자 노릇을 할 수는 없습니다. 그러면 어떻게 해야 할까요? 프롤레타리아가 다스려야 되는데, 프롤레타리아의 수가 너무 많으니, 그들을 대표하고 지도하는 당이 필요합니다. 그래서 마르크스의 프롤레타리아 독재론이 공산당 독재론으로 이어집니다.

공산당 독재에서도 같은 문제가 반복됩니다. 전성기 시절의 소련 공산당원이 몇 십만 명에 이릅니다. 몇 십만 명이나 되는 공산당원이 모두 국회의원·장관이 되긴 어렵지요. 결국 공산당원들을 이끌어가는 중앙위원회 소속 지도자들의 과두체제로 국정을 운영합니다. 중앙위원회는 어떤 사람들로 구성될까요? 소련에서는 스탈린, 중국에서는 마오쩌둥, 북한에서는 김일성의 측근들로 구성됩니다.

결국 공산주의 혁명은 프롤레타리아를 내세우지만, 공산당 독재로 이어지고, 1인 독재체제에 종착하고 맙니다. 지난주 강의의 제목은 '민주라는 이름의 독재'입니다. 공산주의자들이 항상 민중을 내세우고 인권·민주를 부르짖지만, 결국은 독재체제로 귀결되는 논리적인 구조입니다.

> "권력의 관한 문제는 모든 혁명의 근본 문제다."
> – 스탈린(Joseph Vissarionovich Stalin)

지난주에 나누었던 메시지의 핵심 내용입니다. 공산주의자들이 듣기 좋은 소리를 많이 하지만, 그들의 목표는 결국 권력 장악입니다. 공산주의자들은 권력을 장악하기 위해서 수단과 방법을 가리지 않고 투쟁합니다. 공산주의는 한마디로 '권력 장악을 위한 투쟁의 기술'입니다. 다른 주의·이념·사상은 글자 그대로 주의·이념·사상이지만, 마르크스주의·공산주의는 주의·이념·사상일 뿐만 아니라 투쟁의 전술이요 싸움의 기술입니다. 싸우는 방법을 가르치기 때문에 공산주의를 배우면 잘 싸우게 되어 있습니다. 그래서 공산주의가 강력합니다. 오늘의 주제는 공산주의자들에게서 발견하는 싸움의 기술입니다.

1. "평화"라는 이름의 투쟁

싸움의 첫 번째 방법론은 '평화라는 이름의 투쟁'입니다. 공산주의자들에게는 평화도 수단에 불과합니다. 목적은 언제나 권력 장악입니다. 권력 장악을 위해서 공산주의자들이 취하는 투쟁형태 가운데 하나가 평화입니다. 공산주의자들이 말하는 평화는, 일반인들이 생각하는 평화와는 차원이 다릅니다.

> "전쟁은 자본주의 국가들이 시장을 확대하기 위해서
> 무기를 팔기 위해 불가피하게 벌이는 과정이다."

공산주의자들의 평화를 이해하기 위해서는, 먼저 그들의 전쟁관을 이해해야합니다. 자본가들이 이익을 창출하기 위해서 하나의 비즈니스로 전쟁을 일으킨다는 관점입니다. 이 관점이 6·25전쟁에도 적용되었습니다. "미국이 전쟁으로 무기를 팔아서 많은 돈을 벌었다. 6·25때 한국을 도와준 이유도, 재고로 남아 있는 무기를 처분하기 위해서이다", 한국에도 널리 퍼져 있는 궤변(詭辯)입니다.

사실은 공산주의자들이 전쟁을 더 많이 일으켰습니다. 미국이 한국에서 무기 팔려고 6·25전쟁을 일으킨 게 아니라, 김일성이 일으켰습니다. 김일성이 쳐들어와서 미국이 도와 준 역사를 외면한 채, 김일성과 공산주의자들이 전쟁을 일으켰다는 사실을 숨기고, "미국이 일으킨 전쟁에 우리민족이 희생당했다"고만 주장합니다.

그네들의 말에 의하면, 자본가·자본주의 국가만 전쟁을 일으키기 때문에, 자본가계급·자본주의 국가만 사라지면, 마침내 전쟁이 없는 평화로운 세상이 됩니다. 이것이 전쟁에 대한 공산주의자들의 기본 개념입니다.

> "우리가 한 나라에서 뿐만 아니라 전 세계에 걸쳐서 부르주아를 타도하여,
> 끝내 타도하고 수탈한 뒤에라야만 비로소 전쟁은 불가능하게 된다."
> – 레닌(Vladimir Ilyich Ulyanov), 〈프롤레타리아혁명의 군사 강령〉

생각해봅시다. 부르주아를 타도해야만 평화가 온다면, 부르주아를 타도하기 위해 일으키는 전쟁은 평화를 지향하는 행위가 됩니다. 공산주의자들은 이런 식으로 말을 뒤집습니다. 공산주의자들이 폭력을 가해도 평화로운 행동입니다. 전쟁을 일으키더라도 평화로 나아가기 위한 숭고하고도 불가피한 과정입니다. 자본가가 없어지는 것이 평화이기 때문입니다.

설령 그것이 폭력이고 난동이고 전쟁이라도, 자본주의를 타도하기 위한 행동은 모두 평화의 범주에 해당됩니다. 그러나 자본가들이 전쟁에 참여하면 무조건 잔인한 전쟁광 취급을 하지요. 공산주의가 하면 로맨스고, 자본주의가 하면 불륜입니다.

1956년 소련공산당 20차 대회에서 흐루시초프가 비슷한 얘기를 했습니다. 당시 흐루시초프를 비롯한 소련 공산주의자들이 자본주의 국가와의 평화공존을 명분으로 미국의 데탕트 정책에 응했습니다. 그러자 다른 나라의 공산주의자들이 항의합니다. "자본주의를 타도해야지, 어떻게 공존을 논하고 평화를 운운하냐", 그러자 소련 공산당 중

앙위원회 제 1서기 흐루시초프가 이렇게 대답합니다.

"평화공존은 계급투쟁의 포기나 타협을 뜻하는 것이 아니라 계급투쟁의 한 형태다."
- 흐루시초프(Nikita Sergeevich Khrushchyov), 1956년 소련공산당 20차 대회에서

자본가를 타도하는 것이 계급투쟁입니다. 자본가를 타도하기 위해서, 무력 · 전쟁 · 폭력 같은 과격한 방법으로 투쟁합니다. 그런데 자본주의 세력이 너무 강할 때에는, 전쟁을 일으켜도 승산이 없습니다. 그럴 때 내세우는 투쟁의 형태가 '평화공존 정책'입니다. 이것이 공산주의자들의 평화입니다. 적을 타도할만한 역량이 갖춰지지 않을 때, 전략적으로 평화를 내세웁니다.

다른 한편으로는 적을 타도할 역량이 충분한데, 타도하겠다는 의도를 감추어서 적을 방심하기 위한 목적으로 평화를 외칩니다. 결국 공산주의자들의 평화는 투쟁을 중단하는 평화가 아니라, 투쟁을 계속하는 형태요 방법이요 수단입니다.

한국의 역사를 살펴보겠습니다. 1950년 6월 7일 평양방송에서 '평화적 조국통일을 위한 호소문'을 발표했습니다. 그때만 해도 북한의 경제력이 남한의 40배였습니다. 압도적인 경제력으로 대대적인 방송 공세를 펼쳤습니다.

"6월 15일부터 17일까지 남한과 북한의 모든 정당 · 사회단체 대표자들이 모여 평화통일 방법을 논의하자. 군이 평양에서 회의할 필요 없다. 서울에서 최고 입법 회의를 열자."

6월에 남한과 북한의 정당 · 사회단체 · 대표들이 회의를 거쳐 통일

방안을 결정한 다음에, 8월 15일에 통일조국의 국회를 서울에서 열자는 제안이었습니다. 평화통일을 호소하는 북한의 메시지를 남한의 많은 사람들이 들었습니다.

"북한에 감금되어 있는 기독교 지도자 조만식과, 남한에 감금되어 있는 남로당 지도자 김삼룡과 이주하를 교환하자."

방송을 내보낸 지 3일 후인 6월 10일에 북한이 또 제안합니다. 포로로 잡힌 주요 지도자를 교환하자는 평화적인 제안입니다. 그러나 방송을 송출한 6월 10일, 평양에서는 북한군 사단장 · 여단장들이 모여서 지휘관회의를 열었습니다. 회의에서 총참모장 강건이 사단장들에게 명령합니다.

"6월 23일까지 남한을 기습공격 할 수 있는 전쟁 준비를 완료하라. 신호를 보내면 곧바로 기습할 수 있도록 만반의 전투태세를 갖추라."

외부로는 연일 평화를 외쳤습니다. "6월 25일, 조만식과 이주하 김삼룡을 교환하자, 8월 15일, 서울에서 통일조국을 위한 국회를 구성하자", 평화통일을 위한 절차를 밟는 듯이 위장했지만, 내부로는 전쟁을 준비했습니다. 그들이 남북한의 주요 지도자 교환을 약속한 날이 6월 25일이었습니다. 그날 새벽, 완전무장 태세로 대기하던 인민군에게 긴급 암호가 타전되었습니다. "폭풍!" 3백만이 죽거나 다치고 1천만의 가족이 찢어진, 전쟁의 시작이었습니다.

그러면 북한이 속으로 전쟁을 준비하면서 겉으로 평화를 외칠 때, 남한의 지도자들은 무엇을 하고 있었을까요? 남한의 주요정당 · 사회단체 지도자들은 박 터지게 싸우고 있었습니다. 왜 싸웠을까요? 북한이 6월 25일에 회의하자고 제안하니, 서로 회의에 참석하는 대표가 되려고 싸웠습니다. "내가 대표로 가야지, 우리 당이 가야지, 우리 단체가 가야지, 다른 자들이 가면 안 돼!", 김일성이 던진 미끼를 물기 위해서 서로 싸웠습니다. 미끼를 두고 다투다가 기습 공격당한 것이 6.25전쟁의 내막입니다. 공산주의자들이 '평화'라고 말할 때, 그걸 그대로 '평화'로 알아들었던 어리석음이 빚어낸, 비극이자 촌극입니다.

"사상과 이념, 제도의 차이를 초월하여 우선 하나의 민족으로서 민족적 대단결을 도모할 것… 통일은 서로 상대방을 반대하는 무력행사에 의거하지 않고 평화적 방법으로 실현할 것… 남북 사이의 긴장 상태를 완화하고 신뢰의 분위기를 조성하기 위하여 서로 상대방을 중상 비방하지 않으며, 크고 작은 것을 막론하고 무장도발을 안 할 것" – 1972년 7월 4일, 〈남북공동성명〉

1972년 7월 4일, 남한과 북한이 공동성명을 발표했습니다. 역사적인 사건입니다. '크고 작은 것을 막론하고 무장도발을 하지 않는다', 감동적인 내용입니다. 그러나 감동적인 공동성명을 발표해놓고 8개월 후인 1973년 3월, 제주도 우도와 전라남도 완도에, 북한이 무장공비를 침투시켰습니다.

북한이 앞으로는 남북공동성명을 발표하면서 뒤로는 무장공비를 보냈던 것이 1973년의 역사입니다. 그러면 현재는 다를까요? 2018년을 복기해 봅시다. 2017년 가을, 한반도가 어수선했습니다. '3월에 전쟁난다, 5월에 전쟁난다, 9월에 전쟁난다…' 전쟁을 예고했던 소위 '예언가'들이 많았습니다. 미국 대통령 트럼프는 김정은을 향해 "화염과 분노(fire and fury)"라며 으르렁거렸고, 북한도 "뉴욕을 타격한다, 괌을 날려 보낸다"고 협박했습니다.

과격하던 분위기가 언제쯤 누그러졌나요? 2018년 1월이 되면서 분위기가 달라졌습니다. 남과 북을 오가는 특사, 외교관들의 발걸음이 바빠졌습니다. 남북한이 평창 올림픽에 참석하고, 판문점에서 회담을 했습니다. 이어서 미국-북한의 싱가포르 회담이 성사되었습니다.

2018년 들어서 북한이 갑자기 평화공세를 펼쳤습니다. 한국 언론에서는 "대통령이 중재를 잘 해서 평화가 왔다"하고 보도했습니다. 어느 신문에서는 전 세계가 문재인의 평화협상력과 중재를 찬양한다고 보도했습니다. 그런데 북한을 탈출한 태영호 공사가 쓴 책 〈3층 서기실의 암호〉에는 또 다른 사실이 담겨 있었습니다. 2016년 5월, 이미 2년 전에 북한 노동당 7차 대회에서 내린 결정입니다.

"2018년 초부터는 조선(북한)도 핵보유국의 지위를 공고화하는 '평화적 환경 조성'에 들어가야 한다." - 2016년 5월, 북한 노동당 7차 대회

이 사실은 두 가지 시사점을 던집니다. 첫째로 한국 언론의 한심스러운 용비어천가처럼, 남한의 대통령이 잘해서 북한이 갑자기 평화적인 정책을 선택한 것은 아닙니다. 그들은 자신들의 시간표와 계획에 따라서 움직입니다. 이미 2016년에, 2018년부터 평화공세를 펼칠 계획을 세웠습니다.

둘째로 북한이 생각하는 평화는 우리가 생각하는 평화와 다릅니다. 우리는 북한이 핵을 포기하는 것을 평화라고 생각합니다. 그러나 이것은 남한 사람들이 생각하는 평화입니다. 공산주의자들이 말하는 평화는 무엇일까요? 2016년에 조선노동당 7차 대회에서 결의된 평화는 '핵보유국의 지위를 공고화하는 평화'입니다. 북한이 핵을 보유하고

있는 상태가 그들의 평화입니다.

공산주의자들에게는 자본주의 국가를 타도하는 것이 평화입니다. 자본주의 국가인 미국이 핵을 가지고 있기 때문에, 그 핵을 언제든지 사용할 수 있는 미군을 남한에서 철수시키는 일이 평화입니다. 북한이 평화협정을 논할 때, 그 속뜻은 핵을 계속 보유하겠다는 의미입니다.

이미 언론 보도를 통해서 확인이 되었지요. CNN을 비롯한 다수의 미국 언론이 이런 내용을 세계에 알렸습니다. "북한이 한편으로 싱가포르 회담에서 비핵화를 논의하면서, 다른 한편으로 비밀리에 핵 개발을 계속해서 핵무기를 완성하고 있었다. 북한의 구호인 '강성대국'에서 이름을 따온, 강성이라는 이름의 핵무기 개발을 멈추지 않고 있다."

공산주의자들에게 평화는 하나의 투쟁수단입니다. 공산주의자들의 싸움의 기술, 첫째는 평화라는 이름의 투쟁입니다.

2. 통일전선전술

"오직 혁명가의 손으로만 혁명을 할 수 있다고 생각하는 것은 공산주의자가 범하는 가장 큰 그리고 가장 위험한 오류이다." – 레닌, 〈전투적 유물론의 의의에 관하여〉

레닌은 소수정예 혁명가가 다수의 대중을 포섭해야 혁명이 가능하다고 주장했습니다. 그의 노선에 따라 공산주의자들은 탁월한 리더들을 길러냈습니다. 그렇다면 소수정예인 혁명가들만 있으면 혁명이 성공할 수 있을까요? 레닌은 절대 그렇지 않다고 대답합니다. 오히려 혁명가들의 손으로만 혁명을 한다는 생각이 가장 크고 위험한 오류라고 지적합니다.

"통일전선전술을 이해하지 못하는 자는
마르크스주의를 털끝만큼도 이해하지 못하는 자이다." - 레닌

통일전선전술이란, 소수의 혁명가가 다수의 대중을 조종하는 방법, 다수의 다른 세력들을 움직이는 방법, 다수를 꼭두각시처럼 만들어서 이용함으로써 공산주의자들의 목적을 달성하는 방법입니다. 공산주의를 이해하려면 통일전선전술을 이해해야 합니다.

"공산당은 다른 세력들이나 단체들과 더불어 행동을 통일하고 그 중에서도
근본적 문제에서 공산당과 견해를 달리하는 자들과 협력할 수 있는
능력을 보여주어야 한다." - 레닌

통일전선전술에 대한 레닌의 지침입니다. 공산당은 혁명을 위해서 다른 세력들과 협력해야 합니다. 그런데 노선이 비슷한 단체뿐만 아니라, '근본적 문제에서 공산당과 견해를 달리하는 자들'과도 협력할 수 있어야 한다는 주장입니다.

예를 들어봅시다. 기독교인들은 유신론자(有神論者)들입니다. 하나님이 살아 계신다고 믿습니다. 이건 근본적인 문제이지요. 유신론을 빼놓고는 기독교를 생각할 수 없습니다. 이 근본적 문제에서 기독교인과 견해를 달리하는 자들은 무신론자(無神論者)들입니다. 기독교인이 무신론자들과 연합할 수 있을까요? 적과의 동침이 가능합니까?

다른 부분을 눈 감고 넘어갈 수는 있어도, 기독교인이라면 신(神)이 없다는 명제에 동의하기 어렵지요. 그래서 지엽적인 문제에 대한 생각이 다르면 연합이 가능해도, 근본적인 문제에 대해서 생각이 반대

되면, 협력이 어렵습니다. 그런데 레닌은 근본적인 문제에서 견해를 달리하는 사람들과 연합할 줄 알아야 진정한 공산주의자라고 가르쳤습니다. 이래서 공산주의자들이 대단하고 무섭습니다.

신이 없다고 생각하는 공산주의자들이, 하나님을 잘 믿는 기독교인들과 얼마든지 연합합니다. 저는 그런 장면을 여러 번 목격했습니다. 확고한 복음주의자이자 투철한 반공주의자로, 왼쪽 진영 근처에만 가도 경기를 일으키시던 목사님들이, 어느새 좌파들과 한솥밥을 먹고 계십니다. 근본적인 문제에서 견해를 달리하는 목회자들을 교묘하게 구워삶아서 이용하는 과정을 제가 지켜보기도 했습니다. 공산주의자들의 전술에 교회가 넘어가고 있습니다.

근본적인 문제에서 견해를 달리하는 자들과 협력하는 사례를 찾아보겠습니다. 주사파와 공산주의자들이 대통령선거를 하면 우파를 찍을까요, 좌파를 찍을까요? 우파를 찍진 않을 겁니다. 좌파정권이 다 주사파는 아니지만, 주사파 공산주의자들은 좌파후보에게 표를 던집니다. 이 관점을 가지고 좌파정권의 탄생과정을 복기해 봅시다.

첫째로 김대중 정권입니다. 김대중은 박정희 정권 때 박해를 받았던 인물입니다. 그런데 김대중이 대통령에 당선되기 위해서 누구와 연합했나요? DJP연합의 김종필입니다. 김종필은 박정희 대통령의 5·16 혁명동지였고, 조카 사위였으며, 정권의 2인자였습니다. 박정희 정권의 박해를 받은 사람과 박정희 정권의 2인자가, 근본적 문제에서 견해를 달리하지만 연합했습니다. 김대중은 본인이 대통령이 되면, 내각제로 개헌해서 김종필을 총리로 추대하겠다고 약속했습니다. 전 국민앞에서 개헌을 약속해서 김종필을 끌어들였습니다. 물론, 그 약속은 지켜지지 않았습니다.

둘째로 노무현 정권입니다. 노무현은 노동자들의 시위에 앞장섰습니다. 노무현과 정반대의 위치에 있었던 인물이 정몽준입니다. 그는 좌파들이 노동자를 탄압한다고 주장하는 재벌, 현대그룹 정주영 회장의 아들입니다. 한 사람은 자본가이자 재벌이고 한 사람은 노동운동가입니다. 근본적 문제에서 견해가 다릅니다. 그런데 대통령 선거 전에 노무현−정몽준이 연합했습니다. 물론 선거 직전에 깨지긴 했지만, 연합의 효과는 있었습니다. 두 사람의 연합이 노무현 당선에 중요한 공헌이 되기도 했습니다.

셋째로 문재인과 김종인입니다. 좌파들은 전두환을 5·18 광주사건의 살인마라고 매도합니다. "전두환은 살인마"라는 선동이 널리 퍼졌습니다. 1980년 봄, 광주에서 시위가 일어날 때, 서울지역에서 일어났던 비슷한 시위에 문재인이 관여했습니다. 그러면 5·18이란 사건을 놓고 볼 때, 전두환 정권은 살인마 정권이고, 문재인은 서울에서 시위했던 운동권이니, 근본적인 견해를 정면으로 달리합니다.

그런데 2016년 제 20대 총선 때, 더불어민주당 비상대책위원장이 누구였나요? 문재인이 제발 도와 달라고 손을 내밀었던 대상이 김종인이었습니다. 김종인은 5공화국, 전두환 정권에서 요직을 차지했습니다. 5·18 당시 투쟁했던 운동권과, 학살자라고 지목받은 전두환 정권의 각료는 근본적인 문제에서 견해를 달리합니다. 그런데도 연합을 했습니다.

좌파정권의 탄생사(誕生史)를 복기해보면, 근본적인 문제에서 견해를 달리하는 자들과의 연합이 계속 일어났습니다. 연합의 역사를 숙고해보면, 좌파진영에 통일전선전술을 활용할 줄 아는 혁명가와 전략가들이 포진해 있다고 추측할 수 있습니다.

"너에게 3개의 적(敵)이 있거든 그중 둘과 동맹하여 하나를 타도하라.

그 다음에는 남은 둘 중 하나와 동맹하여 다른 하나를 타도하라.

마지막 하나는 1대 1로 대결하여 타도하라." – 레닌

통일전선전술을 압축적으로 표현한 레닌의 경구(警句)입니다. 나 혼자 1대 3으로 싸우면 패배합니다. 공산주의는 싸움의 기술이고 투쟁의 방법론입니다. 그네들이 싸우고 투쟁하는 목적은 이기기 위해서입니다. 적이 셋이면, 그 중 둘과 연합하고 둘의 힘을 이용해서, 나머지 하나를 타도합니다. 그럼 적이 셋이었다가 둘로 줄어듭니다.

남은 둘과 어떻게 싸울까요? 마찬가지로 2대 1로 싸우면 불리하니, 하나를 포섭해서 통일전선을 만들고 나머지 하나를 타도합니다. 적이 셋이면 둘과 연합해서 하나를 죽이고, 적이 둘이 남으면 그 중에 하나와 연합해서 다른 하나를 죽이고, 이제 적이 하나만 남으면 1대 1로 싸워서 타도하라, 이것이 혁명의 방법입니다.

통일전선전술을 실천하려면, 어제의 동지가 오늘의 적이 되는 상황을 감수해야 합니다. 어제까지는 함께 싸우는 동지였지만, 공동의 적을 타도한 다음에는, 나와 연합했던 동지 둘 중에 하나를 제거해야 합니다. 사람으로서, 쉽지 않은 일이지요. 어제까지 함께 피를 흘렸는데, 오늘 전우(戰友)이자 동료를 타도하려면 양심의 가책이 느껴집니다. 그런 양심적인 사람들에게 레닌이 훈계합니다.

"오늘의 동맹자에 대하여 내일은 반대할는지도 모르는 프롤레타리아트의
계급적 독자성을 항상 역설해야 하는 것이다." – 레닌, 〈사회민주주의자 임무〉

오늘의 동맹자한테 내일은 반대하는 행위를 "뒤통수친다, 등 뒤에

칼 꽂는다, 배신한다"고 말합니다. 그런데 레닌은 배신이 아니라, "프롤레타리아트의 계급적 독자성"이라고, 근사하게 표현했습니다. 참, 말은 기가 막히게 잘 만듭니다. "양심 따위에 구애받지 말고, 뒤통수니 등 뒤에 칼 꽂는다느니, 쓸데없는 소리 하지 마라, 혁명을 위해서라면 프롤레타리아트가 어제의 동지에게 충분히 칼을 꽂을 수 있다. 이 프롤레타리아트의 계급적 독자성을 항상 염두에 두어라. 양심의 가책 따위는 쓰레기통에 갖다 버려라"는 뜻입니다.

뒤통수치는 배신까지도 혁명적으로 미화(美化)하고 세뇌해서 양심을 마비시키고, 수단방법 가리지 않았기 때문에, 한 줌 밖에 안 되는 공산주의자들이 100개국 이상을 공산화시켰습니다. 역시 한 줌 밖에 안 되는 주사파 공산주의자들이 5천만이 넘는 대한민국을 좌지우지하고 있습니다.

1921년 12월, 국제 공산주의 운동을 주도했던 단체인 코민테른의 3차 회의에서, 통일전선전술이 세계 공산혁명을 위한 주요 전략으로 채택됩니다. 통일전선전술에는 두 가지가 있습니다. 첫째로 위로부터의 통일전선전술은 상층부, 지도자 계층을 포섭하는 방법입니다. 공산당이 다른 정당이나 사회단체, 기관의 상층부 지도자들과 통일전선을 이루는 전술이지요. 예를 들어 공산주의 정당이 정체를 감추고, 사회민주주의 정당으로 위장합니다. 위장한 상태에서 다른 정당의 당수, 지도자들, 국회의원들(상층부)을 포섭해서 위로부터의 통일전선을 형성합니다.

둘째로 아래로부터의 통일전선전술은 기관, 단체의 상층부가 아니라 중층부나 하층부를 대상으로 합니다. 지도자가 아닌, 조직원과 회원들을 포섭하여 이용하는 방법입니다.

한국의 경우, 위로부터의 통일전선이 성공했습니다. 대표적인 사례가 통합진보당입니다. 주사파 종북세력이 다른 야당 세력들과 연대해서 금배지를 달고 국회에 들어가는데 성공했습니다. 나중에 통합진보당은 종북정당이라는 이유로 해산되지요. 우리 사회에서, 위로부터의 통일전선전술은 명백히 성공했고, 아래로부터의 통일전선전술 역시 활발하게 구사되고 있습니다.

평양에서 나온 북한의 책은 이렇게 말합니다. "남조선 공산화혁명의 주력군은 노동자와 농민이다." 남한의 노동자, 농민을 봉기시켜서 자본가 세상을 타도하겠다는 방법인데, 크게 성공하지 못했습니다. 대한민국의 노동자와 농민들 중에 공산주의자는 많지 않습니다. 노동자들은 노동하느라고, 농민들을 농사를 짓느라고 바빠서, 혁명을 할 여유가 별로 없습니다. 하지만 공산주의자들은 북한의 방법론에 따라, 노동자와 농민으로 위장을 합니다.

광화문에 노동자와 농민이라는 사람들이 몇 만 명 모여서 데모했던 적이 있습니다. 그냥 데모만 하지 않고, 술판을 벌이고 폭력을 사용하기도 했습니다. 그때 시위에 앞장섰던, 유명한 농민이 있습니다. 방송에도 나오고 신문 기사도 났던 사람이지요.

그의 고향 근처에서 제가 강연을 했습니다. 유명한 농민과 같은 동네 사는 주민들에게 제가 물어봤습니다. "여기가 농민운동 한다면서 광화문에서 과격하게 시위하는 아무개 농민의 고향이지요? 그 양반 농사는 잘 지으시나요?", 동네 농민들이 이렇게 대답했습니다. "아이고 목사님, 그 사람이 무슨 농부입니까. 내가 이 동네에서 20년 살았는데 그 자가 농사짓는 걸 한 번도 못 봤습니다."

농부가 농사를 지으려면 밭을 가꾸든 논을 갈아엎든, 일을 해야 합니다. 시간이 들고 힘이 드는 물리적인 일입니다. 그런데 농부가 밭에 있지 않고, 밤낮 광화문에서 데모하는데 어떻게 농사를 짓겠습니까. 농사도 안 지으면서 가장 유명한 농민이 되었습니다. 농민·노동자의 탈을 쓴 반체제 세력이 현재 대한민국에서 활발하게 활동하고 있습니다.

1970년대부터 북한에서 통일전선전술 포섭의 제 1대상으로 찍어놓은 대상이 있습니다. 바로 "좌파적 청년학생 및 지식인"입니다. 그냥 학생이 아니라 좌파적 학생입니다. 공산주의자는 아니지만, 좌파적인 생각을 가진 학생들을 공산주의화하거나, 최소한 공산주의에 친화적으로 만들려는 전술입니다.

지식인에게는 현실에 비판적인 성향이 있습니다. 현실 비판을 체제 비판으로 유도하여, 공산화 혹은 친공(親共)화하려는 작업도 꾸준히 진행되어 왔습니다. 북한은 좌파적 청년학생과 지식인을 대상으로 수십 년간 치밀하고 집요한 공작을 계속했습니다. 그 결과 대대적인 성공을 거두었습니다.

주변을 둘러보세요. 좌파에 물든 청년학생이 많습니다. 대한민국의 지식인들은 어떤가요. 배웠다는 사람들은 우파처럼 비추어지면 창피해 합니다. 시대에 뒤떨어진 것처럼 여깁니다. 좌파행세가 진보적이고 시대에 부합되는 것처럼 여기는 풍조가 이미 뿌리를 내렸습니다.

제가 왜 이승만을 강의하느냐 하면, 5천 년 동안 굶주렸던 나라가, 밥 세 끼 먹고 야식까지 먹고 비만이 문제가 되는 기적적인 발전을 이룩한 역사가 하루아침에 이루어진 것이 아님을, 알리기 위해서입니다. 이승만이라는 걸출한 기독교 지도자가 있었고, 그의 눈물겨운 투쟁을 통해서 대한민국의 번영이 가능했습니다.

제가 왜 공산주의를 강의하느냐 하면, 우리 눈앞에서 전개되고 있는, 나라가 무너지는 풍경 역시 하루아침에 이루어진 일이 아님을 알리기 위해서입니다. 우리의 조국을 무너뜨리기 위한, 공산주의자들의 전략이 있었고 방법론이 있었고 오랜 실천이 있었습니다. 역사는 하루아침에 이루어지지 않습니다.

3. 언론, 대중 선동의 전술

"전위만으로는 이기지 못한다. 전 계급, 즉 광범한 대중이 전위를 직접 지지하거나 혹은 적어도 전위에 대하여 호의적 중립을 지킴으로써 적을 지지하는 일이 완전히 불가능하게 되기 전에는, 오직 전위만을 결정적 투쟁에 투입하는 것은 바보스러울 뿐만 아니라 죄악이기도 하다."
– 레닌, 〈공산주의에 있어서의 좌익소아병〉

전위(前衛), 곧 정예화된 혁명가 그룹이 만들어졌다고, 곧바로 혁명을 추진하는 것은 죄악이라는 말입니다. 혁명에 목숨을 건 전위가 준비되는 것은 기본입니다. 그 이외에 전 계급이 혁명에 호의적이거나, 적어도 호의적인 중립이거나, 또는 최소한 공산혁명을 반대하는 우파, 자본주의 세력에 대해서 대중이 적대시하는 상황이 와야 혁명이 성공할 수 있습니다.

그래서 공산주의자들은 혁명의 간조기(干潮期)와 만조기(晩潮期)를 따집니다. 혁명을 일으킬 결정적 시기인지 아닌지를 분별해야지, 혁명가 그룹이 구성되었다고 해서 무작정 혁명을 도모하는 건 죄악이라는 가르침입니다.

공산주의 혁명가들의 전략을 읽다보면, 한국의 상황에 딱 들어맞는 느낌입니다. 2018년 지방선거가 끝나고, 관련 기사에 무수한 댓글이 달렸습니다. '어느 당을 지지한 특정 지역, 그 지역 사람들은 다 나쁘다'는 내용이 많았습니다. 우파를 지지하면 죄악인 것처럼 생각합니다. 민주투사로 위장한 종북좌파를 지지하거나, 적어도 그들에게 호의적 중립을 보냅니다. 좌파·공산주의·주사파 세력과 싸우는 우파·애국세력들을 적대시하는 환경이 이미 조성되었습니다.

북한 정권에 대한 인식도 마찬가지입니다. 김정은에게 호감을 느끼는 국민이 70%라는 여론조사도 있습니다. 북한 정권에 대해서 호의적이거나, 최소한은 호의적인 중립을 지키게 만들었습니다. 심지어 육군 사관학교 생도들이 우리의 주적이 미국이라고 대답했습니다. 미국과 싸우기 위해서 사관학교에 간 생도들이 곧 이 나라의 군 지휘관이 됩니다.

이런 세상이 저절로 왔을까요? 절대로 아닙니다. 그러면 누가 이런 세상을 만들었을까요? 공산주의자, 주사파, 혁명가들이 투쟁하고 포섭하고 이용해서 세상을 붉게 물들였습니다.

"우리 당 조직 활동의 기본적인 내용, 이 활동의 초점을 이루는 것은 가장 광범한 대중을 대상으로 한 정치적 선동이다… 전면적인 정치적 폭로야말로 대중의 혁명적 적극성을 배양하는 데 필요한 기본적 조건이다. 폭로 활동은 전 국제 공산주의자의 가장 중요한 기능의 하나를 이루는 것이다."
– 레닌, 〈무엇을 할 것인가〉

우리의 현실을 만든 레닌의 전략 중 하나입니다. '전면적인 정치적 폭로', 우파·반공정권의 약점을 잡아서 폭로합니다. 폭로가 굳이 사실이어야 할 필요는 없습니다. 밥 먹듯이 거짓말할 수 있는 능력이 공산주의자의 자격이니까요. 정치적인 폭로로 대중을 선동합니다.

폭로와 선동이 대중에게 광범위한 영향을 끼치려면, 폭로와 선동을 펴서 나를 도구가 있어야 합니다. 언론이 도구역할을 합니다. 지금은 언론매체가 다양합니다만, 레닌이 처음 혁명할 때는 신문 밖에 없었습니다. 그래서 레닌은 신문의 역할을 대단히 강조합니다.

"이와 같은 활동은 자주 발행되는 전국적 신문 없이는 생각할 수 없다.
이 신문을 중심으로 자연히 형성되는 조직, 이 신문의 협력자들의 조직이야말로
전 인민의 무장 봉기를 지정하며 준비하고 실행한 일 등 모든 사태에 대한
준비를 가진 조직일 것이다." - 레닌, 〈무엇을 할 것인가〉

대중을 선동해서 조직화하고 혁명을 일으키기 위한 활동에, 전국적인 규모의 신문이 필수라는 말입니다. 그래서 공산주의자들은 언론을 가리켜 '집단적 교육자, 선전자, 선동자, 조직자'라고 말합니다. 언론의 중요성을 대단히 강조한 표현입니다.

1917년, 공산주의 혁명에 의해서 러시아가 멸망합니다. 그때 공산주의자들이 많지 않았습니다. 볼셰비키 당원이 100명도 채 안 됐습니다. 100명도 안 되는 혁명가들이, 한반도 면적의 100배가 넘는 대제국 러시아를 무너뜨렸습니다.

어떻게 이런 일이 가능했을까요? 볼셰비키 당원 숫자는 100명도 안 되었지만, 공산당에 호의적인 신문은 41개나 있었습니다. 29개는 러시아어 신문이었고, 12개는 다양한 소수민족의 언어를 사용하는 신문이었습니다. 41개의 신문을 통해서 정부의 약점을 물어뜯고 공격하고 폭로하고 선동했습니다. 러시아 전역에 혁명의 열기를 확산시켰습니다.

러시아를 무너뜨린 방법이 다른 나라에서도 그대로 적용됩니다. 그

네들이 폭로 · 선동을 할 때 내세우는 구호는, 공산주의가 아니라 민주주의입니다.

> "민주주의가 망할 때 까지 민주주의를 외쳐라." – 레닌

민주주의를 무너뜨리기 위한 레닌의 전략은 민주주의입니다. 공산화를 위해서 간첩 활동을 하다가 잡혔을 때도, 민주주의를 외치라는 지령입니다. "공산주의자를 체포했다"라는 사실을 감추고, "민주화투사를 체포했다"하고 선동하라는 전술입니다.

학교에서 친북(親北) 교과서로 공산주의 · 종북교육을 합니다. 독극물처럼 위험한 교과서를 개정해야 한다고 주장하면, "공산화 · 종북교육에 대한 탄압"이라고 말하지 않습니다. "민주교육에 대한 탄압"이라고 반발합니다. 북한이 남침(南侵)하면, 공산군과 합세하여 혁명을 일으키려고 모의했던 국회의원 이석기가 체포되었습니다. 이석기가 소속된 통합진보당도 해산시켰습니다. 그때도 "민주투사에 대한 탄압"이요, "민주 정당에 대한 해산"이라고 보도한 언론이 있었습니다.

이 전략이 성공해서, 공산혁명을 추진했던 자들이 민주화인사로 둔갑했습니다. 국민세금으로 몇 억씩 보상금을 받고, 국회의원도 되고, 청와대에도 들어가고, 출세가도를 달립니다. 왜 이런 일이 일어났을까요? 국민들이 그들을 민주투사라고 오해했기 때문입니다. 그러면 국민들은 왜 오해했을까요? 공산주의자들이 수십 년 동안 공작한 결과입니다.

민주주의 체제를 지키려면, 민주주의를 분별해야 됩니다. 누군가 민주주의를 외칠 때 '민주주의라면 다 좋은 거야, 민주주의를 말하니 공

산주의와는 상관이 없지'하고 안일하게 생각하다가 나라가 기울었습니다. 누군가 민주주의를 외치면 분별해야 합니다. "저 사람이 외치는 민주주의는 어떤 민주주의인가. 진짜인가 가짜인가. 대한민국을 살리기 위한 민주주의인가, 죽이려는 민주주의인가. 민주주의 체제를 지키기 위한 민주주의인가, 민주주의를 파괴하기 위해서 민주주의라는 말을 이용하는 것인가'를 분별해야 합니다.

선과 악을 분별하지 못하고, 적군과 아군을 분별하지 못하고, 진짜 민주주의와 가짜 민주주의를 분별하지 못했던 안일과 방심이, 대한민국이 겪는 모든 위기의 근원입니다.

러시아에서, 공산주의자들이 41개의 신문을 이용해서 혁명에 성공한 다음에는 어떻게 했을까요? 1917년 11월 10일, 혁명이 성공한지 딱 3일 만에, 한두 곳을 제외하고 모든 신문을 폐간시켰습니다. 어제까지 함께 싸웠던 신문사들이, 배신을 당해서 문을 닫게 되니, 얼마나 황당했겠습니까. "언론의 자유를 탄압하지 말라"고 항의하자, 레닌이 아래와 같이 대답했습니다.

"이들 신문을 관용하는 것은 사회주의자이기를 그만두는 것이다. 국가는 폭력을 행사하기 위하여 건설된 제도이다. 이제야 우리는 인민을 위하여 폭력을 조직하려고 생각한다… 불행하게도, 이번에 폐쇄된 것은 신문의 전부가 아니었다. 머지않아서 전부 폐쇄될 것이다." - 레닌

공산화 혁명을 위해서 언론의 자유를 외쳤습니다. 하지만 공산화에 성공한 다음에는, 무자비하게 탄압했습니다. 공산당 기관지 정도를 남겨놓고는 모조리 폐간시켜버렸습니다. 자신들과 다른 생각은 아예

보도되지 못하도록, 입도 뻥긋하지 못하게 만드는 전략입니다.

우리나라에도 비슷한 현상이 있었습니다. 좌파단체들과 역사학자들이 교과서 국정화(國定化)를 반대했습니다. "정부가 교과서를 만들면, 일방적 견해를 강조한 것이 되어서 다양성이 침해된다"라는 이유에서였습니다. 그렇다면 정부가 국정화를 추진하기 전에, 과연 우리나라 역사 교과서에는 다양성이 존재 했을까요?

전국에 있는 2,356개의 고등학교 가운데, 대한민국을 긍정하는 교학사 교과서를 채택한 학교는 단 한 곳이었습니다. 2,355 대 1. 이것이 다양성인가요? 교학사 교과서를 채택한, 단 한 개의 학교마저도, 좌파단체들의 협박에 시달리다가 교과서 채택을 포기했습니다. 2,356 대 0. 이게 다양한 겁니까? 이건 하나의 생각만을 강요하는 전체주의입니다. 좌파적인 역사관으로 쓰인 책만을 강요하는 거지요.

정말로 사상의 다양성을 주장하려면, 먼저 다양한 교과서가 있었어야 합니다. 강성우파-온건우파-중도우파-중도좌파 – 온건좌파-강성좌파 등, 다양한 관점의 교과서를 발간해야 합니다. 만약 교과서 성향이 6개였고, 배포율도 한 교과서당 20% 내외인 상태에서 교과서 국정화를 시도했다면, 다양성을 침해한다는 지적이 맞습니다. 하지만 현실은 그렇지 않았습니다. 2,356 대 0입니다. 본인들이 독점하고 있으면서, 2,355 대 1을 2,356대 0으로 만들어놓고, 다양성을 운운하는 것, 좌파들의 기만전술입니다

4. 공포전술

"승리를 획득한 당은 그 투쟁을 헛되게 하고 싶지 않다면 그들의 무기가

반동들에게 불러일으키는 공포를 통해서 그 지배를 유지하지 않으면 안 된다."
– 레닌, 〈프롤레타리아혁명과 배교자 카우츠키〉

혁명에 성공한 다음에는 반혁명분자들이 반격을 못하도록 해야 합니다. 그 방법이 공포전술입니다. 공포를 깊숙이 박아 넣어서, 반항 자체를 아예 못 하게 만드는 전술입니다. 중국 공산당 지도자였던 주경문이 〈폭풍 10년〉을 썼습니다. 그의 기록에 의하면, 중국 공산당이 정권을 잡은 다음에, 우파를 탄압하기 위해서 80가지의 살인방법을 사용했다고 합니다.

망향대, 사람을 나무 위에 높이 매달았다가 끈을 놓아서 땅에 떨어뜨립니다. 떨어뜨린 후에 다시 매달았다가 또 다시 떨어뜨립니다. 사람을 나무에 매달았다가 떨어뜨리기를 반복하면서 죽이는 방법입니다.

양우분시, 옛날 중국 황제들이 반역자를 처벌하던 방법입니다. 사람의 두 다리를 말이나 소에게 따로 묶습니다. 묶은 후에 한쪽 말과 소는 오른쪽으로 뛰고, 다른 말과 소는 왼쪽으로 뛰게 합니다. 사지를 찢어서 죽이는 방법이지요. 개명한 20세기에도 이런 야만적인 방법으로 사람을 죽였습니다.

자굴분묘, 손으로 땅을 파게 한 다음에 그 구덩이에 사람을 생매장하는 방법입니다.

타사, 말 꼬리에 사람을 묶은 후, 말을 뛰게 하여 땅바닥에 끌려가다가 죽게 만드는 방법입니다.

냉장, 사람을 매질해서 반쯤 죽여 놓은 다음 눈 속에 묻어서 얼려 죽이는 방법입니다.

이 외에도 남편이 아내의 배를 밟아서 죽이게 하는 방법, 한 겨울에

물에 적신 이불로 둘둘 말아서 나무에 매달아 얼어 죽게 만드는 방법, 땅에 구덩이를 파고 사람을 선 채로 코 밑 까지 묻은 다음에 몸 둘레의 흙을 다져서 질식시키는 방법. 깨진 유리 조각 위를 알몸으로 기어가게 만들어 피투성이로 죽게 하는 방법을 사용했습니다.

사람들을 모아놓고 잔인하게 죽이는 장면을 보여주어, 공포심을 심어주고 반항하지 못하게 만드는, 공산주의자들의 통치술입니다.

다양한 방법으로 수천만 명을 죽였던 학살자들의 후예가 지금의 중국 공산당입니다. 그런데 민주와 인권을 부르짖는 이 나라의 정치인들은 친중(親中) 정책을 폅니다. 입으로는 인권·민주 운운하면서 실제로는 학살자들만 좋아합니다. 북한정권에게 러브콜을 보내고 중국 공산당 앞에서 납작 엎드립니다.

"끊임없는 거짓말을 하는 것이 레닌의 극단적인 정치의 비도덕성의 특징이다. 공산주의를 해석할 때 가장 일반적인 과오는 선전 슬로건을 공산주의의 진실한 본질로 착각하는 것이다. 공산주의의 허구성을 파악하기 힘든 주요 원인은, 거짓말이 지나치게 심할 뿐만 아니라 끊임없이 이러한 방법에 호소하고 있기 때문이다. 공산주의자가 아닌 사람으로서는 누구라도 그렇게 엄청난 거짓말을 끊임없이 할 수 있으리라고는 믿기 어려워서이다."
– 유제프 마리아 보헨스키(Józef Maria Bocheński), 〈공산주의 비판 전집〉

공산주의는 살인과 거짓의 영입니다. 그들이 거짓말을 너무 많이 하기에, 밥 먹듯이 거짓말하면서 숙련되어 너무나 전문적인 솜씨를 발휘하기에, 진짜처럼 보이고 들리도록 너무 잘 하기에, 사람들이 속아 넘어갑니다. 방송에 출연하는 운동권 출신 작가, 평론가들 얘기를 들어보면, '저 사람은 어떻게 10년, 20년 쉬지 않고 거짓말을 할까...',

그들의 성실함에 감탄하게 됩니다. 공산주의는 거짓말로 나라를 무너뜨립니다.

"공산당이 정권을 잡은 다음에 낸 선언 · 문장 · 법률제도는 그야말로 대단한 것이다. 내가 적색 정권에 참가한 다음 수년 후 이 정권의 본질을 이해한 뒤에 생각한 것인데, 만일 지금으로부터 100년 후 우리의 자손이 오직 이 문헌에 의해서만 이 시대를 관찰한다면, 정말로 천국이 이 세상에 나타난 줄로 생각할 것이다.

그러나 현실은 이 아름다운 문장과는 아무런 관계가 없다." - 주경문

'사람이 중심이다. 사람이 먼저다. 당신이 주체가 되어야 된다. 우리 민족이 제일이다. 인민의 지상낙원', 북한정권의 슬로건입니다. 말만 들으면 정말 좋습니다. 주경문의 언급처럼, 공산주의자들의 말과 글만 보면 천국이 온 것 같습니다. 하지만 공산주의자들의 구호가 사실은 거짓이요 허상이라는 폭로입니다.

지금 우리나라가 비슷한 상황입니다. 공산주의자의 말을 듣고 북핵(北核) 문제가 해결된 것처럼, 평화가 온 것처럼, 자유와 번영의 시대가 열린 것처럼, 많은 사람들이 환상에 취해 있습니다. 그러나 거짓말이 아무리 좋아도, 그것은 현실이 아닙니다. 공산주의자들의 거짓말에 속아서 숱한 나라들이 공산화되었습니다. 거짓의 대가는 참혹했습니다. 거짓말에 속았던 국민들은 독재 아래 신음했고, 경제가 무너져서 굶어죽어야 했습니다.

나라가 제대로 운영되면, 공산주의 극좌파는 무너집니다. 제대로 된 나라에 공산주의가 침투하기는 어렵습니다. 만약에 어느 나라에 극좌파 공산세력이 침투해서 혁명에 성공하면, 그 나라는 망합니다. 이것이 공산주의, 극좌파의 비극입니다. 공산주의는 멸망의 이데올로기입

니다. 이렇게 되나 저렇게 되나, 결국에는 멸망하게 되어있습니다. 공산주의가 성공하면 나라가 멸망하고, 나라가 성공하면 공산주의가 멸망합니다.

공산주의의 본질과 전략과 전술은 거짓말입니다. 거짓이야말로 공산주의의 알파와 오메가입니다. 그들의 거짓말에 속아서 많은 나라가 공산화되었고, 공산화에는 성공했지만 나라를 번영 시키는 데는 어느 나라 공산당도 성공하지 못했으며, 결국에는 국가를 다 망하게 만들었습니다.

> "진리는 승리하는 것이 아니다.
> 진리는 다만 다른 모든 것이 소멸해 버렸을 때, 그 뒤에 남을 뿐이다."
> – 알렉산드르 솔제니친(Aleksandr Solzhenitsyn), 〈이반데니소비치의 하루〉

노벨문학상 수상자 알렉산더 솔제니친이 남긴, 무서운 말입니다. 흔히들, 진리가 승리한다고 말합니다. 공산주의 국가를 생각해봅시다. 공산주의자들이 진리가 아닌 거짓으로 승리했습니다. 거짓말로 승리한 다음에 어떻게 되었을까요? 공산주의 국가도 소멸하고, 공산주의 경제도 소멸하고, 공산당을 따라 수많은 사람이 죽고, 모든 것이 무너졌습니다.

그런데 멸망의 잔해(殘骸) 속에 남은 것이 있습니다. 바로 그것이 진리라고 솔제니친이 말했습니다. 하나님의 뜻을 거역하면 심판을 받는다는 진리가, 멸망과 폐허의 자취 속에 남았습니다. 진리는 승리하는 것이 아니라 남는 것이라는 말, 여운이 깊습니다.

진리를 따르지 않은 모든 것이 소멸해버린 시체 위에 남아있는 진리라면, 진리에 이르는 길이 너무나 고통스럽습니다. 그것이 진리를 무시한 대가입니다. 다 무너진 뒤에 진리만 남게 해서는 안 됩니다. 진리를 따라서 무너지지 않을 나라를 세워야 합니다.

'진리만 남는다'는 진리가 역사를 통해서 반복됩니다. 역사라고 하면, 나와는 무관해 보입니다. 그러나 수많은 사람들의 인생이 모여서 그 시대의 역사를 이룹니다. 한 사람의 역사가 인생이고, 수많은 사람의 인생이 역사입니다. 저와 여러분이 모두 이 시대 역사의 한 부분입니다.

인생도 마찬가지입니다. 거짓말하고 남을 이용해서 성공할 수도 있습니다. 그러면 그 인생의 마지막에 무엇이 남을까요? 소멸이 남습니다. 잘못 살면서 쌓아올렸던 모든 것들이 잘못 살았던 대가로 소멸됩니다. 소멸의 허공에, '하나님 말씀을 거역하면 파멸 된다'는 진리만이 남습니다.

지금 거짓이 승리하는 것처럼 보이지요? 거짓은 결국 다 무너지게 되어 있습니다. 그리고 무너진 잔해 위에 '하나님의 뜻'만이 남습니다. 그러면, 이런 세상에서 우리는 어떻게 살아야 할까요?

5. 결론

첫째로, 기독교 애국세력, 대한민국을 소중히 여기는 크리스천들은 우리가 소수파라는 사실을 기억해야 합니다. 소수파는 소수파에 맞는 전략을 개발해야 합니다. 여러분들 중에 김정은에게 호감을 가지신 분 계시나요? 김정은에게 호감을 느끼는 사람이 70%라는데, 아무도 그렇게 생각하지 않으십니다. 여러분이 소수파입니다.

이 자리에 동성애를 합법화해야 한다고 생각하시는 분 있나요? 요즘 대세가 동성애를 존중하는 분위기입니다. 한때 아랍난민들이 몰려오고 난리가 났었습니다. 이슬람과 공존해야 된다고 생각하시는 분, 손들어 보시기 바랍니다. 누구도 손들지 않았습니다.

여러분들은 참, 흐름을 탈줄 모르는 분들입니다. 김정은도 안 좋아하고 이슬람도 안 좋아하고 동성애도 안 좋아하는 분들입니다. 게다가 대부분이 20대 기독교인입니다. 20대들의 교회 출석률이 3% 쯤 된다고 합니다. 3% 밖에 안 되는 교회 출석자이면서, 동성애도 싫어하고 공산주의도 싫어하고 김정은도 싫어합니다. 이쯤 되면 여러분이 소수파라는 사실, 인정하셔야 합니다.

'한국이 갑자기 확 뒤집어져서 정상궤도에 올라가 우리가 다수가 될 수 있다', 그런 기적이 일어나기 힘들다는 얘기를 제가 3주 동안 하고 있는 겁니다. 공산주의자들이 하루아침에 대한민국을 이렇게 만든 게 아니라, 100년이 넘는 세월동안 오랫동안 투쟁했습니다. 제가 〈히즈코리아〉 집회에서 박헌영부터 강의하지 않았습니까? 일제 시대부터 조선의 공산주의자들이 감옥에 가고 고생하고 죽어가면서 여기까지 온 겁니다. 오랜 세월을 통해서 축적된 현실이, 어떻게 하루아침에 뒤집어지겠습니까. 역사의 대세는 단 번에 바뀌지 않습니다. 그러니, 우리가 소수파라는 사실을 인정해야 합니다. 소수파로서 생존하고, 소수로서 다수를 이끌고 갈 전략을 개발해야 됩니다.

우리는 소수파이기 때문에 오해 받는 걸 당연히 여겨야 됩니다. '지금 대통령이 정치도 잘 하고 나라도 잘 굴러간다. 아무 문제없는데 왜 너만 유난을 떠냐?', 다수가 이렇게 생각합니다. 이런 세상에서 "공산주의는 거짓이다. 동성애·이슬람 조심해야 한다", 하고 말하면 사람들이 이해를 못합니다. "진짜 이상하다. 아주 꽉 막혔네. 게다가 개독교야?"라고 빈정거리고 핍박할 수 있습니다.

소수파니까 당연히 겪을 수 있는 일입니다. 소수파는 소수파답게 살아야 합니다. 이런 일을 겪을 때마다 매번 핏대 올리고, 억울하고 원통해하는 건 소수파다운 생존법이 아닙니다. '이 시대에 나는 소수파다. 다수가 나를 이해하지 못한다. 그러면 나는 소수파로서 어떻게 하면 이 길을 끝까지 걸어갈 수 있을까', 이런 고민을 하고 살아가는 방식을 익혀서, 길을 찾아야 합니다.

둘째로 오늘은 소수파이지만, 내일은 승리자라는 확신이 분명해야 합니다. 악이란 무엇일까요? 그리스도인은 하나님의 말씀을 선과 악의 기준으로 삼습니다. 하나님보다 악한 것, 당연히 악입니다. 그런데 그것보다 더 큰, 제일 무서운 악이 있습니다. 하나님보다 선한 것입니다.

사람이 하나님보다 선할 수 있을까요? 그럴 수 있다고 믿는 자들이 있습니다. 하나님은 말씀을 통해서 동성애를 금지하셨습니다. 그런데 소위 진보세력은 하나님이 금지하신 것조차도 허용합니다. "하나님 되게 악하시네. 동성애를 허용해야지 왜 그걸 하지 말라 그러서? 이런 못된 하나님 있나!"하면서 하나님을 책망합니다. 하나님은 금지하시고 그들은 허용했으니, 하나님보다 포용력이 넓은 자들입니다.

성경에 의하면, 예수가 아니면 구원이 없습니다. 그런데 종교다원주의자들은 "하나님이 너무 편협하시네. 참된 신이라면 예수를 믿지 않아도 구원받게 해주어야지"라고 말합니다. 그들은 인간으로서, 하나님을 가르칩니다. 피조물인 인간이 창조주이신 하나님께, 신학을 가르치는 격입니다. 감히 하나님께 구원을 가르칩니다.

하나님은 "일하지 않는 자는 먹지도 말라"고 하셨습니다. 포퓰리즘과 공산주의가 왜 악인가 하면, 하나님을 아주 인색하게 만듭니다. "일하지 않는 사람한테도 복지혜택을 줘야. 열심히 일하는 사람이

나 빈둥빈둥 노는 사람이나 똑같이 나눠 주는 공산(公産) 세상으로 가야지. 일하지 않으면 밥도 못 먹게 만드는 잔인한 하나님", 하나님을 나쁘게 만듭니다.

인간이 하나님보다 선할 수 있습니까? 그럴 수는 없습니다. 하나님은 절대선(絕對善)이십니다. 하나님의 말씀은 언제나 옳습니다. 그래서 하나님이 하지 말라면 하지 말아야 됩니다. 동성애하지 말고, 다른 신 믿지 말라고 하셨으면, 하지도 말고 믿지도 말아야 합니다. 일하지 않고는 먹지도 말라고 하셨으면, 열심히 일한 다음에 먹어야 됩니다. 일하지 않는 자도 다 먹여 주겠다는 공산주의와 포퓰리즘에는 반대해야 합니다.

인간이 하나님보다 더 선해지려고 할 때, 그것이야말로 최고의 악입니다. 악은 망하고 최고의 악은 최고로 망합니다. 100여 개 나라의 공산주의 실험이 결국 다 망해버렸습니다. 세상은 하나님의 법칙에 따라서 돌아갑니다. 인생도 역사도 진리의 수로(水路)를 따라서 흘러갑니다. 다수라도 말씀을 거역하면 망하고, 소수라도 말씀에 순종하면 흥합니다. 말씀대로 따라하지 않은 다수가 어떻게 무너지는 지를, 말씀대로 살아가는 소수가 목격하게 됩니다. 우리 시대의 그리스도인은 오늘의 소수자요 내일의 승리자입니다.

셋째로 유능한 인재들이 연합하여, 하나님의 시간을 준비해야 합니다. 좌파의 광풍(狂風)이 오래 갈 겁니다. 그러나 영원하지는 않습니다. 저의 친구 박호종 목사님이 명언을 하셨습니다. "사울의 때에 다윗이 준비된다." 악한 왕 사울이 통치하던 시절에, 역설적으로 하나님의 마음에 합한 사람 다윗이 준비되었습니다.

그 말씀을 우리 시대에 적용하면, 좌경화의 파도를 맞으며, 하나님의 용사가 강해질 수 있습니다. 좌파 세상에서, 이를 악물고 칼을 가는, 애국 인재들이 자라날 수 있습니다. 하나님의 법칙을 따르는 그리스도인들은 모두가 나누어 먹는다는 공산사회의 망상에 빠지지 않습니다. '국가가 무엇이든 책임져준다'는 감언이설(甘言利說)에 속지도 않습니다. 하나님 한 분만 바라보면서, 독립심을 가지고 살아가기에, 유능해질 수 있습니다.

하나님은 뿌린 대로 거둔다고 말씀하셨습니다. 내 인생은 내가 책임지고 뿌려야 합니다. 거두는 열매에 대해서도 내가 책임져야 합니다. 하루하루, 하나님의 말씀을 따라서 최선을 다해야 합니다. 열심히 뿌리고 성실하게 거두면서, 인생이 유능해집니다.

하나님의 진리가 아닌, 거짓을 따라가는 이들은 결국에는 무능해질 수밖에 없습니다. 밤낮 계급 타령이나 하고, 가진 자들을 증오하고, 성공한 이들에게 배우려고 하지는 않고 비판만 하니, 유능해지기 어렵습니다. 좌경화와 무능의 시대에, 애국·기독교 청년들이 상대적으로 유능하게 돋보일 수 있습니다. 위기의 시대가 오히려 기회가 될 수 있습니다.

하나님 나라의 비전을 품은 청년들이 사회 곳곳에 들어가서 실력과 경력을 쌓아야 합니다. 유능해져서 중요한 자리, 영향력 있는 위치를 차지해야 됩니다. 자기분야에서 실력을 키우고 힘을 키우면서, 뜻을 함께하는 동지들과 연합해야 됩니다. 대한민국을 살리기 위해서 끊임없이 연합해야 합니다.

실력을 쌓으면서 연합하다 보면, 좌파의 광풍이 시들어질 때가 반드시 옵니다. 하나님이 대한민국을 정상화시키실 때입니다. 하나님의 시간이 되었을 때, 하나님이 신호를 주시면, 기울어가는 대한민국을 다시 한 번 뒤집을 수 있습니다.

하나님의 신호가 당장은 오지 않겠지만, 언젠가는 옵니다. 그날이 오기까지 열심히 기도하고, 하나님의 말씀대로 살아가고, 실력을 쌓아서 유능해져야 합니다. 역사의 주인이신 하나님이 그래도 대한민국을 사랑하셔서, 버리지 아니하시고 다시 한 번 기회를 주실 때, 이 겨레를 정상화시키실 때, 위기에 처한 대한민국을 바로 세우는 크리스천 리더로 영광스럽게 쓰임 받으시기를 주님의 이름으로 축원합니다.

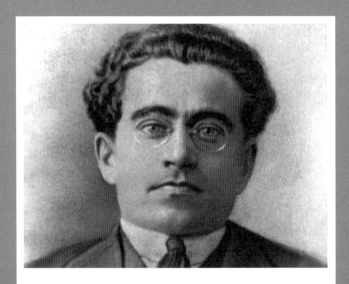

▲ 이탈리아 공산당의 아버지 안토니오 그람시.
　그의 선고문에 기록되어있는 판사의 말.
"이 사람의 두뇌를 20년 동안 작동하지 못하게 해야 된다."

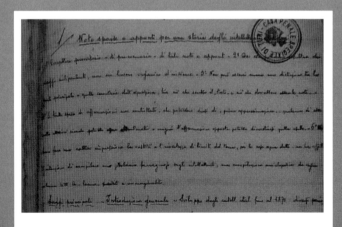

▲ 안토니오 그람시가 감옥에서 집필한 〈옥중수고〉 원본.

"상식은 '전통적인 지혜' 혹은 '시대의 진실'로서
스스로를 드러내지만 실제로는 철저하게 역사의 산물이자
역사적 과정의 일부이다." – 스튜어트 홀(Stuart Hall),
〈문화연구에서 그람시의 적절성〉 중에서

상식이란, 전통적으로
누구나 동의하고 인정하는 보편적인 지혜라고 생각하지만,
사실은 그렇지 않다는 지적입니다. 역사는 강물처럼 흘러갑니다.
흐르면서 축적되고 변화 됩니다.

상식이 역사적 산물이란 뜻은,
역사에 따라서 고려–조선–대한민국으로 나라가 바뀐 것처럼,
시대의 흐름에 따라 상식도 바뀐다는 의미입니다.

'상식은 변하기 때문에, 상식을 장악해서
공산주의가 상식이 되도록 만들어야 한다'
그람시의 전략입니다.

공산주의의 본질 4
그람시, 헤게모니와 진지전

이탈리아 지도가 장화 모양입니다. 장화 모양의 반도 옆에 세 개의 작은 섬이 있습니다. 세 섬에서 전 세계 수많은 사람들의 운명을 좌우하는 인물과 조직이 배출되었습니다. 맨 위에 있는 섬은 프랑스 땅입니다. 지명은 코르시카(Corsica), 코르시카 출신의 장군이 나폴레옹(Napoleon) 입니다. 그 아래에 있는 섬이 사르디니아(Sardinia), 오늘 강의의 주인공인 안토니오 그람시(Antonio Gramsci)의 고향입니다. 맨 밑에 있는 섬이 시칠리아(Sicilia), 그곳에서 마피아(Mafia)라는 조직이 탄생했습니다. 나폴레옹 · 안토니오 그람시 · 마피아, 작은 섬들에서 전 세계에 영향력을 끼친 인물이 탄생하고, 조직이 결성되었습니다.

오늘날의 대한민국은 왜 이런 모습일까요? 우리 시대의 풍경이 하루아침에 이루어지지는 않았습니다. 대한민국의 오늘을 이해하는 중요한 키워드, 안토니오 그람시입니다.

안토니오 그람시의 인생은 불행으로 점철되어 있습니다. 하녀가 네 살 된 그를 안고 2층으로 올라가다가, 실수로 계단에서 떨어뜨렸습니다. 이 사고로 척추를 다쳐서 꼽추가 됩니다. 자랄수록 등이 휘고 굽어지니, 어머니의 걱정이 커져만 갔습니다. 당시는 제대로 된 병원을 찾기 어려웠던 시절입니다. 치료를 받기 어려운 상황에서 아이의 등을 펴기 위해, 어머니가 그람시를 천장에 거꾸로 매달아 놓습니다. 그래도 등이 펴지지 않아, 신장 152cm에서 성장을 멈춥니다.

그람시는 곱사등이로 자라면서 온갖 질병에 시달립니다. 너무나도 병약해서, 어머니는 해마다 관과 수의(壽衣)를 준비했습니다. 언제 장례가 날지 몰랐기 때문이지요. 안토니오 그람시가 25살이 될 때까지 계속해야했던, 꼽추 아들을 둔 어머니의 슬픈 연례행사였습니다.

불행의 그림자는 가족들에게도 드리워졌습니다. 그람시의 아버지는 지방 공무원이었습니다. 안정적으로만 보였던 아버지의 신분은, 정치적 반대파의 공격으로 추락합니다. 가장(家長)이 투옥되자, 경제적인 어려움이 닥칩니다. 어머니는 삯바느질로 일곱 명이나 되는 자녀들을 부양합니다. 청소년기의 안토니오 그람시도, 꼽추의 몸으로 하루 10시간이 넘게 일합니다. 고통은 때때로 탁월함의 기회가 됩니다. 그람시는 육체적·경제적인 어려움을 지적인 탐구로 해소했습니다. 어마어마한 독서량으로, 젊은 시절부터 대단한 지식인으로 성장합니다.

1911년, 스무 살에 토리노 대학(University of Turin)에 입학하니

다. 토리노는 이탈리아 공산주의의 본거지입니다. 1917년 러시아에서 최초의 공산주의혁명이 일어났을 때, 토리노에서도 프롤레타리아 혁명이 일어났을 만큼, 공산주의 성향이 뚜렷한 지역입니다.

토리노에는 피아트 자동차 공장이 있었고, 금속노조가 결성되어 있었습니다. 자동차와 금속 노조가 사회주의 노선을 강력하게 추종했습니다. 1910년대의 이탈리아 상황이 오늘날 대한민국과 비슷해 보입니다. 귀족노조라고 비판받는 대표적인 노동조합이 자동차노조와 금속노조이지요. 이탈리아도 마찬가지였습니다. 역사는 반복됩니다. 그것이 우리가 역사를 공부해야하는 중요한 이유입니다.

안토니오 그람시는 토리노에서 혁명가로 성장하며, 이론가로 명성을 떨쳤습니다. 1921년, 이탈리아 공산당이 창당될 때, 그람시는 "이탈리아 공산당의 아버지"로 불렸습니다.

1926년, 무솔리니(Benito Mussolini)가 암살기도 혐의로 공산당원들을 대거 체포합니다. 공산당 최고 지도자였던 안토니오 그람시도 체포당합니다. 그람시의 선고문에 기록된 판사의 판결입니다.

"이 사람의 두뇌를 20년 동안 작동하지 못하게 해야 한다."

그람시의 두뇌가 너무 뛰어나기 때문에, 공산주의 혁명을 위해서 머리를 쓰지 않도록, 격리시켜야 한다는 판결입니다. 위험인물이라는 평가인 동시에, 천재 이론가라는 찬사도 섞인 선고입니다.

감옥에 가둔다고 두뇌가 회전을 멈추었을까요? 오히려 고속으로 작동합니다. 그람시는 감옥에서 깨알 같은 글씨로 대학노트 32권, 2,848쪽 분량의 걸작을 남깁니다. 그의 빽빽한 노트를 엮어서 영어로 발간한 책이 〈프리즌 노트북(prison notebooks)〉입니다. 〈옥중수고〉라는 제목으로 한국에서도 출간되었습니다. 방대한 분량의 잉크로 전달하려는 핵심은 단 하나, 선진 자본주의 사회에 마르크스주의를 적용하는 문제입니다. 역사 · 교육 · 문화 · 철학 · 지식인의 역할 · 여성의 지위 · 종교의 문제 등, 다방면에서 마르크스주의 적용을 시도합니다.

수감된 그람시에게 손님이 찾아옵니다. 불행이라는 면회객입니다. 책을 쓰느라 고생해서 이빨이 빠지고 위장이 망가집니다. 악전고투(惡戰苦鬪)하는 사이에 부인과도 멀어져서 이혼합니다. 두 명의 자식들도 아빠와 인연을 끊습니다. 생이별에 생이별의 연속입니다. 공산당 최고지도자였지만, 감옥에 갇혀있으니 자연히 정치권력에서 멀어집니다.

하지만 그람시는 몸이 망가지고 가족들과 이별하고 정치적으로 고립되는 극한상황을, 오직 지적인 탐구로 버텨냅니다. 선진 자본주의 사회의 공산화, 화두(話頭)와 같은 주제에 천착(穿鑿)하여 2,848 페이지 분량의 대작을 완성합니다.

그람시와 대한민국은 어떻게 연결될까요? 그람시는 선진 자본주의 국가의 공산화를 목표로 이론을 정립했습니다. 그리고 한국은 세계 5대 공업국가, 7대 무역국가의 위상을 자랑하는 자본주의 국가입니다. 대한민국은 그람시의 이론에 알맞은 적용대상입니다.

20년형을 선고받았던 안토니오 그람시는 수감생활 11년차에 석방됩니다. 46세의 나이로 감옥에서 나와서 며칠 쉬었다가, 고향으로 돌아가려고 합니다. 그런데 사르데냐 섬으로 돌아가기로 한 날, 쓸쓸하게 죽습니다. 수감 중에는 계속 집필만 하다가 출소된 뒤에는 조용히 죽었습니다. 인간적으로 정말 불쌍하지요. 그런데 불행한 인간이

뼈를 깎고 피를 말려서 쓴 책이 세상을 뒤흔들어, 역사의 지각변동을 일으킵니다. 그람시의 글이 세상에 몰아치는 파도가 되어, 대한민국의 해변에까지 밀려옵니다. 그람시의 이론을 살펴봅시다.

그람시의 전략 ① 기동전(機動戰)과 진지전(陣地戰)

전통적인 마르크스주의는 계급을 중시합니다. 생산수단을 소유한 계급이 자본가, 부르주아, 생산수단을 소유하지 않은 계급이 노동자, 프롤레타리아입니다. 생산수단은 자본을 만들어낼 수 있는 도구입니다. 정확하진 않지만 쉽게 설명하자면 돈벌이가 될 수 있는 것, 돈을 만들어낼 수 있는 것입니다. 회사·땅·주식 등이 생산수단에 해당됩니다. 부르주아는 생산수단을 가지고 있기 때문에, 굳이 노동을 하지 않아도 돈을 벌 수 있습니다. 예를 들어 회사 경영자에게는 회사가 생산수단입니다. 노동자를 고용해서 다른 사람의 노동결과를 나의 수입으로 벌어들일 수 있지요.

프롤레타리아에게는 생산수단이 없습니다. 공장을 가지고 있지도 않고, 회사를 소유하지도 않고, 부모에게 물려받은 땅도 없습니다. 노동을 대가로 지불해서 임금을 받는 사람이 노동자입니다. 마르크스주의 역사관은 생산수단을 소유한 자본가계급과 생산수단이 없는 노동자계급, 부르주아와 프롤레타리아의 끊임없는 계급갈등과 투쟁이 인류의 역사라는 주장입니다.

그러면 사회가 바른 방향으로 가기 위해서는 어떻게 해야 할까요? 폭력으로 자본가를 타도한 다음에 사유재산을 없애고, 재산을 갖지 못했던 모든 사람이 재물을 똑같이 공동소유하는 공산사회를 만들어야 합니다. 이것이 마르크스 사상의 기본개념입니다.

그런데 안토니오 그람시가 이 이론을 한 걸음 더 발전시킵니다. 전통적인 마르크스주의에서 말하는 폭력혁명론에 '기동전(機動戰)'이라고 이름을 붙입니다. 그리고 기동전 외에 혁명방법을 하나 더 소개합니다. '진지전(陣地戰)'이라는 방법입니다. 안토니오 그람시는 혁명을 기동전과 진지전으로 분류합니다.

기동(機動)이라는 말은 '상황에 따라 재빠르게 하는 행동'입니다. 기동전은 글자 그대로, 혁명을 일으켜서 재빠르게, 단기간에 자본가계급을 해치우는 전략입니다. 기동전으로 혁명을 일으킨 대표적인 나라가 러시아와 중국입니다. '자본가를 타도하자!'는 구호 아래, 공장 노동자들은 망치를 들고 나오고, 농민들은 곡괭이와 삽을 들고 나와서, 지주를 죽이고 자본가를 죽였습니다. 시체가 쌓이고 또 쌓여서 마침내 혁명의 고지(高地)를 넘었습니다. 기동전이 성공한 사례입니다.

생각해 봅시다. 러시아나 중국은 선진 자본주의 국가가 아니었습니다. 오히려 후진국이었고 농업을 중심으로 한 농경국가였습니다. 농업국가에서는 기동전과 폭력혁명이 가능했습니다. 그런데 마르크스(Karl Marx)가 자랐던 독일, 자본론을 썼던 영국, 잡지를 발행했던 프랑스는 모두 선진 자본주의 국가입니다. 마르크스가 살았던 선진 자본주의 국가에서는 폭력혁명이 일어나지 않았습니다. 이것이 마르크스주의의 딜레마입니다.

마르크스가 계급 갈등으로 폭력혁명이 일어나서 공산사회가 이룩되는 것이 역사의 발전 법칙이라고 주장했는데, 그건 후진국에 해당되는 얘기입니다. 선진국에선 그렇게 안 되었습니다. 왜 안 되었을까요? 자본주의가 고도로 발전하면, 경제가 성장해서 노동자들이 부유해집니다. 학교에 다니면서 교육도 받게 되지요.

실제로 독일 노동자들이 낮에는 공장에서 일하고 저녁에는 오페라를 감상합니다. 영국 노동자는 퇴근한 다음에 맥주 마시면서 프리미어리그 축구를 시청합니다. 미국 노동자, 한국 노동자들도 주말에 자가용 몰고 여행 다닙니다. 노동자가 너무 바빠졌습니다. 오페라도 들어야지, 축구 시합도 봐야지, 여행도 가야지, 여가생활을 즐기느라고 폭력혁명을 할 시간이 없습니다.

또 다른 이유, 노동자가 돈도 벌고 지식수준도 높아졌습니다. 경제적으로 어느 정도 여유 있고 배운 사람들이 '몽둥이와 삽을 들고 나와서 파출소를 때려 부수자'는 주장을 받아들이기는 어렵습니다. 일단 집에 삽이 없습니다. 농업국가에서는 맨날 삽·망치로 일했으니까, 일하던 도구를 들고 나가서 지주를 죽이면 되는데, 현대 노동자들 집에는 그런 무기가 없습니다.

게다가 교육을 받은 사람들은 파출소를 불태우고 폭동을 일으키고 자본가를 죽이는 끔찍한 짓을 잘 안 합니다. 그래서 발달된 자본주의 국가에서는 공산주의 폭동이 간혹 일어나도 소규모였습니다. 러시아나 중국처럼 거대한 유혈사태로는 번지지 않았습니다.

안토니오 그람시가 바로 이 점을 지적합니다. "기동전, 폭력을 이용한 공산화 혁명은 농업국가에서나 가능하고, 선진국에서는 유효하지 않다. 과격한 방법을 버리고 진지전을 펼쳐야 한다"고 주장합니다. 진지(陣地)는 '적과 교전할 목적으로 설비 또는 장비를 갖추고 부대를 배치하여 둔 곳'입니다. 진지·참호·요새·보루·산성, 다 비슷한 개념입니다. 참호를 파고 땅굴을 파는 겁니다. 그 곳에 진지를 만들어서 식량도 쌓아놓고 무기도 쌓아놓습니다.

왜 식량을 쌓아놓을까요? 오래 싸워야 하기 때문입니다. 단기간에 끝날 싸움이 아니라는 겁니다. 진지를 파고 먹을 것 갖다 놓고, 병사를 하나하나 모집해서 오랫동안 싸워야 합니다. 어떻게 싸우느냐 하면, 폭력적인 방법이 아니라 교육과 문화적인 방법으로 싸워야 합니다.

정치 · 경제 · 사회 · 문화 · 교육 · 종교, 그 나라의 모든 분야에 공산주의 진지를 구축해 놓고 오랫동안 싸워서 서서히 공산화해야 한다는 개념입니다. 공산주의 진지를 바탕으로 장기간 투쟁하면 사회에 영향력을 끼칠 수 있게 되겠지요. 영향력을 점점 확대하면 그 사회를 주도하는 세력이 될 수 있습니다.

이처럼 다양한 분야에 진지를 구축하고 영향력을 확대해서, 마침내 사회를 주도하는 강력한 세력이 된 상태를 가리켜서 그람시는 "헤게모니를 장악했다"라고 표현합니다. 진지전 이론과 함께 나온 단어가 '헤게모니'입니다. 러시아어로, 사전적 의미는 '지배적 · 지도적인 입장, 주도권'입니다.

그람시의 전략 ② 헤게모니 이론

안토니오 그람시는 진지를 구축해서 헤게모니를 장악해야 한다고 말했습니다. 그런데 그의 글을 읽다보면, 헤게모니에 독특한 뉘앙스를 덧붙인 것을 발견하게 됩니다. 헤게모니를 장악할 뿐 아니라, 지적 · 도덕적 우월성도 확보해야 한다고 덧붙였습니다. 이 점이 아주 탁월한 개념입니다.

그람시의 이론에 따라, 공산주의자들이 맹렬하게 활약했습니다. 어느 나라나 공산주의자들은 지적이고 도덕적으로 우월해 보이도록 가장합니다. 사실은 공산주의자들이 지적·도덕적으로 우월하지 않아요. 맨날 사람 죽이고 거짓말하는 인간들인데 무슨 도덕입니까. 반도덕·비도덕입니다. 그러나 지적이고 도덕적으로 우월해 보이도록, 위장을 아주 잘합니다.

제가 존경했던 목사님이 있습니다. 그 분은 정말 착하게 사셨던 분입니다. 청년들이 '사람이 저렇게 착하게 살 수는 없다. 저 분은 천사일지도 모른다. 외계인인가…'라고 할 정도였습니다. 유명하거나 큰 교회를 담임한 목사님은 아니지만, 제가 쫓아다녔던 스승입니다.

제가 미국에서 돌아와서 오랜만에 스승을 만나서 대화를 나눴습니다. 5년 만에 한국에 왔더니 한국이 공산화되고 있는 현상이 눈에 보였습니다. '나라가 어쩌다가 이 지경이 되었지? 이게 무슨 일이야?' 제가 너무 놀라서, 그분에게 공산주의에 대한 이야기를 꺼냈습니다. 그러자 스승이 "지금 시대가 어느 시대인데 반공이야…"라고 말씀하셨습니다.

제가 존경했던 스승의 입술에서, 친공(親共)이 지적우월성을 차지했음을 알 수 있었습니다. 반공(反共)은 시대에 뒤처지는, 지적으로 덜 떨어진, 무식한 수구꼴통이나 하는 얘기로 치부 되어버립니다. 햇볕정책이나 평화공존 같은 고상한 단어를 써야, 지적으로 보이는 시대입니다. 실제로 젊은이들 중에 좌파가 똑똑하고 청렴하다고 생각하는 사람들이 많습니다.

우파였던 전두환-노태우 대통령은 비자금 수사로 감옥에 갔습니다. 그분들이 비자금을 몇 천억 원씩 조성했다고 밝혀졌습니다. 전두환-노태우의 비자금 수사는 했습니다. 그런데 김대중과 노무현의 비자금 수사는 안 했습니다. 수사를 제대로 안 했는데도, 비자금의 일부가 드러나서, 김대중의 아들 둘이 감옥에 갔습니다. 노무현의 형도 감옥에 갔습니다.

만약 전두환–노태우처럼 철저하게 비자금 수사를 했으면, 누구의 비자금이 더 많을지, 확인할 수 있었을 겁니다. 노무현은 비리 혐의가 드러나서 수사를 받다가 자살해 버렸습니다. 그 바람에 수사가 종결되었습니다.

인터넷에 "노무현 딸, 13억 사과상자"라고 입력해 보세요. 노무현의 딸이 13억 원을 사과상자에 넣어서 날랐다는 제보도 나오고, 돈 상자 사진도 나옵니다. 김대중의 비자금에 대해서도 꽤 많은 자료가 있습니다. 하지만 증거가 떠돌아다녀도, 수사는 안 합니다.

우파에 대해서는 수사를 하고, 좌파에 대해서는 수사를 안 합니다. 그러면서 '우파 수구꼴통은 썩었고, 좌파 민주화 투사들은 청렴하다'는 이미지를 퍼뜨립니다. "변호인"같은, 근사한 영화도 만듭니다. 좌파가 도덕적으로 우월한 것처럼 위장하는 전략입니다.

왜 제가 강의 서두에 안토니오 그람시가 오늘의 대한민국을 이해하는 키워드라고 말씀드렸는지, 이해되시나요? 지금 대한민국의 풍경이 어느 날 갑자기 튀어나온 것이 아닙니다. 100년 전에 이탈리아의 공산주의자가 전략을 세웠습니다. 그 전략을 한국의 공산주의자들이 열심히 실천했습니다. 정치·경제·사회·문화·교육 각 분야에 진지를 구축하고, 헤게모니를 장악해서 사람들의 생각을 친(親)공산주의로 바꾸고 있습니다.

그람시의 전략 ③ "상식"을 획득하기 위한 헤게모니 & 진지전

진지전을 구축하고 헤게모니를 장악하기 위한 마지막 싸움터, 전선(前線)은 어디일까요? 여기에서 그람시의 탁월함이 또 한 번 빛을 발합니다. 어느 영역에서 싸워야 하는가? 바로 '상식'이라는 영역입니다.

상식과 혁명은 관계가 없어 보입니다. '공산주의-상식-투쟁', 단어들이 서로 어울려 보이지 않습니다. 그런데 그람시는 "사람들의 상식을 붙잡아야 한다. 상식을 지배해야 된다. 상식 분야에서 헤게모니를 장악해라"고 주장했습니다. 뛰어난 전략가만이 통찰해낼 수 있는 이론입니다.

> "스스로 의식하지는 못하지만, 인간 모두는 나름대로 철학자이다."
> – 안토니오 그람시(Antonio Gramsci), 〈옥중수고〉 중에서

그람시의 글입니다. 여러분이 철학자란 사실을 알고 계셨나요? 대부분 모르셨을 겁니다. 하지만 그람시의 말이 맞습니다. 여러분이 의식하지 못했지만 여러분도 철학자랍니다. 사람마다 나름대로 생각이 있잖습니까? 철학이 있습니다. 사람들이 가지고 있는 개인적인 철학, 보통 개똥철학이라고 그럽니다. 꼭 철학자가 아니더라도, 나름대로 자기생각과 이론이 있습니다

> "모든 철학적 흐름은 '상식'이라는 침전물을 남긴다."
> – 스튜어트 홀(Stuart Hall), 〈문화연구에서 그람시의 적절성〉 중에서

철학적으로 대단히 통찰력 있는 언급입니다. 지나간 시대의 철학이 다 없어지는 게 아니라, 그 철학이 우리가 생각하는 상식으로 남아있다는 말입니다. 과거에 철학자들이 연구하고 발견했던 진리들이, 오

늘날 상식이라는 흔적과 유물로 남아 있습니다.

"상식은 '전통적인 지혜' 혹은 '시대의 진실'로서 스스로를 드러내지만 실제로는 철저하게 역사의 산물이자 역사적 과정의 일부이다."
– 스튜어트 홀, 〈문화연구에서 그람시의 적절성〉 중에서

상식이란, 전통적으로 누구나 동의하고 인정하는 보편적인 지혜라고 생각하지만, 사실은 그렇지 않다는 지적입니다. 역사는 강물처럼 흘러갑니다. 흐르면서 축적되고 변화 됩니다. 상식이 역사적 산물이란 뜻은, 역사에 따라서 고려-조선-대한민국으로 나라가 바뀐 것처럼, 시대의 흐름에 따라 상식도 바뀐다는 의미입니다. '상식은 변하기 때문에, 상식을 장악해서 공산주의가 상식이 되도록 만들어야 한다'는 것이 그람시의 전략입니다.

"상식은…보다 일관성 있는 이데올로기와 철학들이 승리를 위해 경합해야 하는 장소이다." – 스튜어트 홀, 〈문화연구에서 그람시의 적절성〉 중에서

운동장에서 양 팀의 선수들이 승리하기 위해 경기합니다. 전쟁터에서 군인들이 승리하기 위해 목숨을 걸고 싸웁니다. 마찬가지로 다양한 종류의 사상이, 상식이라는 전쟁터에서, 다른 사상을 물리치고 상식이 되도록 투쟁합니다. 더 많은 사람들이 자기네 사상을 받아들이도록 전쟁을 치르고 있습니다.

상식은 변하는 개념입니다. 예를 들어보겠습니다. 조선시대에 열녀(烈女)는 상식적으로 훌륭한 여자인가요, 불량한 여자인가요? 열녀비가 아직도 전국에 남아 있습니다. 비석을 세워서 기념할 만큼, 열

녀는 훌륭한 여인의 표상입니다.

그런데 우리나라에 세워진 열녀비의 사연에 이런 내용이 있습니다. 조선시대에는 부모가 배우자를 정해주었습니다. 자녀들이 7살 쯤 되었을 때, 부모들이 서로 약속합니다. 정혼(定婚), 우리 딸을 그 집에 며느리로 보내겠다는 약속입니다.

자식이 15살 정도 되면 약속한대로 시집·장가를 보내야 하는데, 결혼식도 올리기 전에, 정혼한 예비남편이 갑자기 죽었습니다. 남자의 얼굴조차 못 봤던 처녀는 어떻게 할까요? 결혼식을 올리지도 않았습니다. 오늘날의 상식으로 생각해보면 당연히 다른 남자와 결혼할 수 있습니다. 그러나 다른 남자에게 시집가면, 조선시대에는 열녀가 못 됩니다.

얼굴도 모르지만, 부모가 정해준 그 남편을 위해서 정조를 지키고 다른 집안에 시집도 가지 말아야합니다. "죽어도 그 집에 가서 귀신이 돼라.", "여자가 한 번 시집가면 출가외인(出嫁外人)이다", 지금은 사극(史劇)에서나 나오는 대사이지만, 당시에는 윤리였고 현실이었습니다.

정혼한 예비신랑이 결혼식도 치르기 전에 죽었는데, 다른 남자에게 시집가지 않고, 시댁에 가서 평생 시부모를 섬기다가 죽은 여자들이 조선시대에 실제로 있었습니다. 그분들을 여성들의 모범으로 기리는 비석이 열녀비입니다.

비석을 세워서 기려야할 만큼 열녀가 훌륭했다면, 지금도 그럴까요? 요즘의 여학생들에게 "열녀 될래?"했다가는 망언이 됩니다. 조선시대에는 열녀가 훌륭한 여자라는 것이 상식이었는데, 지금은 상식이 아닙니다.

그러면 상식이 어떻게 바뀌었을까요? 열녀라는 상식의 변천사를 살펴봅시다. 고려시대에는 불교가 문화적·지적 헤게모니를 장악하고 있었습니다. 열녀는 불교적인 개념이 아닙니다. 그래서 고려시대에는 열녀를 강조하지 않았습니다.

고려 말에 이르러 유교 성리학을 받아들인 신진사대부가 등장합니다. 대표적인 인물이 조선건국의 혁명가 정도전입니다. 정도전을 위시한 신진세력이 고려를 무너뜨리고 조선을 세웁니다. 새로운 나라를 세우면서 유교를 지배 이데올로기로 채택합니다. 이걸 헤게모니 이론으로 설명하면, 사상적·문화적·정치적 헤게모니를 고려시대에는 불교가 장악했는데, 조선시대에는 유교가 장악한 것입니다. 유교적 여성관에 의하면, 훌륭한 여자는 열녀입니다. 이런 과정으로, 고려시대에는 찾아보기 힘들던 열녀 개념이 조선시대에 강조됩니다.

조선이 망하고, 선교사를 통해 복음이 들어오고, 대한민국이 기독교 정신으로 건국됩니다. 민주주의와 서양문물이 유입됩니다. 조선시대에는 남녀차별이 심했는데, 기독교와 서구문물이 들어오면서부터 여성의 지위가 향상됩니다. 유교가 문화적 헤게모니를 잃어버리거나 약해지면서, 유교적 여성관이었던 열녀개념을 지금의 대한민국에서는 찾아보기 어렵게 되었습니다.

'열녀는 훌륭한 여인의 표상'이라는 조선시대의 상식이 고려에는 적용되지 않았고, 대한민국에서도 수용되지 않았습니다. 다시 말해서 상식은 시대에 따라 변화되고, 헤게모니를 장악한 세력이 상식을 바꾸게 됩니다. 바로 이것이 그람시의 이론입니다.

"대중이 가지고 있는 맹목적이고 단편적인, 때로는 모순되는 의식의 요소들 즉 '상식'은 그들의 집단적인 의지를 행동화시킬 수 있는 비판적이고 체계적인

자각으로 변혁되어야 한다." -김현우, 〈안토니오 그람시〉 중에서

사람들이 가지고 있는 철학은 일관적이지 않습니다. 여기서 배운 것, 저기서 느낀 것들이 섞여 있어서 맹목적이고 모순적이기도 합니다. 그람시는 사람들의 상식을 조종하고 지도하고 깨우쳐주어야 한다고 말합니다. 그래서 공산주의적인 자각, 자본주의 사회에 대한 비판적인 의식으로 깨어나게 만들어야 한다고 주장합니다. 상식의 영역에 공산주의의 DNA를 주입해야 한다는 전략입니다. 그러면, 상식을 어떻게 장악할까요?

"상식을 보다 일관성 있는 정치이론 내지 철학적인 흐름으로 만들기 위해서는 정치교육과 문화정치라는 작업이 필요하다."- 김현우, 〈안토니오 그람시〉 중에서

참으로 인상적인 부분입니다. 그냥 교육이 아니라 '정치교육', 공산화의 의도를 가진 교육입니다. 그냥 문화가 아니라 '문화정치', 가요·음악·미술·영화·연극·책·출판 등의 예술적이고 문화적인 영역에 정치적인 코드를 집어넣는 전술입니다. 교육이건 문화이건, 정치를 스며들게 하는 작업이 필요하다는 주장입니다.

사람들은 재미가 있어서 영화를 봅니다. 주인공이 미남이고 미녀이고 톱스타여서 보는데, 영화를 보면서 본인도 모르게 공산주의 이론에 빠져들게 만들어야 한다는 것이 그람시의 주장입니다. 진지전 이론에 의하면, 어렵고 딱딱한 정치이론이 아니라 쉽고 부드러운 문화를 통해, 대중을 사회주의 이념으로 물들이는 방법이 가장 효과적인 혁명의 전술입니다. 그러면, 그람시의 진지전이라는 렌즈로 우리 사회를 분석해봅시다.

그람시로 대한민국 분석하기 ① 출판

〈…지식〉이라는 책은 100만 권이 넘게 팔린 베스트셀러입니다. 저자는 이렇게 말합니다.

"저는 사람들이 인문학 몰라도 된다고 생각해요. 먹고 사는 게 사실 더 중요한 문제인 거고, 건강하게 먹고 살고 자신의 취미 생활 하고 하면 충분하다고 생각이 드는데, '최소 지식'은 알아야 한다고 생각이 들거든요." – 2017년 3월 28일, 저자의 인터뷰 중에서

'인문학 철학 몰라도 되고, 건강하게 먹고 살면 되지만 그래도 인생사는 데에 최소 지식은 필요하다'는 뜻입니다. 저자가 말하는 최소 지식과 안토니오 그람시가 말한 상식, 서로 연결 될 수 있을까요? 저자가 생각하는 최소 지식은 무엇일까요?

"그 최소 지식이 철학 이런 게 아니라 계급갈등에 대한 이해라고 생각해요. 세상이 생산수단을 소유하고 있는 자신의 노동력이 아니라 타인의 노력과 시간을 이용해서 먹고 사는 사람들이 존재하고 반대로 그들의 생산수단에 고용돼서 노동력을 판매해야 하는 노동자들이 있지요. 그 둘의 이익은 대비됩니다. 그거 정도만 알았으면 좋겠다고 생각해요. 자본가와 노동자의 이익이라는 것이 세금과 복지에서 첨예하게 대립하는 거다…"

베스트셀러의 저자는 최소 지식으로 계급갈등, 부르주아, 프롤레타리아를 말했습니다. 그가 언급하는 최소 지식이 안토니오 그람시가

말한 상식과 연결되어 있는 사실이 보이십니까? '사회주의 원리가 상식이 되게 하라'는 그람시의 전략이 실행되고 있습니다.

저자의 책 제목에 '사회주의 · 마르크스'라는 말은 없습니다. '대화', '지식'이라는 단어가 있지요. 안토니오 그람시가 상식, 지적 · 도덕적 우월성을 언급했습니다. 저자도 제목을 상식적이고 지적으로 보이게 지었네요.

"설득의 가장 좋은 방법은 토론이 아니라 세뇌거든요. 어떻게 세뇌하면 되냐면, 계속해서 반복하면 됩니다. 교회에서 목사님은 왜 저렇게 목에 핏대를 세워서, 어차피 신을 믿는 사람들이 모인 그 자리에서 신에 대한 믿음을 강조하는가. 왜 국가를 사랑하는 사람들을 모아놓고 국가의 지도자가 애국에 대해서 강조하는가. 왜 내부결속용 발언을 자꾸만 해대는가에 대해서 사실은 저 얘기를 하는 사람의 의도나 정치적 이해관계에 대해서 생각해볼 필요도 있다는 생각이 들어요. 그게 정말로 세상을 바꾸는가? 사실 진보가 세상을 바꿀 수 있을 거라고 저는 믿거든요."

한국에서 100만부 넘게 팔린 베스트셀러 저자의 인터뷰입니다. 마르크스는 '종교는 인민의 아편'이라고 말했습니다. 마르크스는 평생 기독교를 모독하는 것을 쾌락으로 삼았지요. 또 마르크스주의에 '국가는 소멸 된다'는 이론이 있습니다. 교회와 애국을 비판하는 저자에게서, 마르크스의 냄새가 납니다.

그의 인터뷰를 풀어보면 이런 목소리로 이해할 수 있습니다. "왜 교회에서 목사들이 하나님을 믿으라고 핏대를 올리느냐? 그건 내부결속용이다. 교인들을 뭉치게 하려는 속셈이다. 왜 나라 사랑하는 애국심을 자꾸 강조하냐? 수구꼴통들이 애국심을 강조해서 권력을 장악하려는 거 아니냐? 그런다고 세상이 바뀌는 게 아니다. 애국심 강조하지 마라. 하나님에 대한 믿음을 강조하지 마라. 그런 말하는 사람들은 다 자기 이익을 위한 거다. 진짜 세상을 바꾸는 사람들은 진보다."

진보는 좌파를 가리킵니다. 결국 기독교와 애국세력을 은근히 비판하면서, 좌파가 진짜라고 말합니다. 이런 생각을 가진 저자가 쓴 책 제목에 '진보 · 좌파 · 공산주의 · 그람시' 같은 단어는 없습니다. 대화, 지식 같은 상식적인 수준의 단어만 있습니다. 그람시의 이론에 딱 들어맞는 느낌이 듭니다.

그람시로 대한민국 분석하기 ② 교육

많은 학교에서 한국사 교과서로 채택했다는 미래엔출판사의 〈고등학교 한국사 자습서〉 186쪽에서 273쪽은 근현대사 부문입니다. 공산주의 이론을 깊이 연구했던, 혁명을 위해서 청춘의 한 시기를 불살랐다가 바울신학을 연구하면서 완전히 뒤집어진, 김철홍 교수가 이 책을 읽고 소감을 피력했습니다.

"그 한국사 자습서에는 놀랍게도 내가 대학교 때 (운동권의) 의식화 학습에서 공부했던 내용 중 한국 근현대사와 조선공산주의 운동사에서 학습했던 내용들이 그대로 요약되어 있었다."

과거에 운동권 학생들이 공산화 혁명을 위해서 열심히 공부했던 내용이 현재의 대한민국 교과서 자습서에 버젓이 실려 있다는 증언입니다. 그러면서 김철홍 교수는 자습서에 나오는 주요 단어들을 열거했습니다.

"자본주의, 자본가, 지주, 대지주, 독점자본, 도시빈민, 노동력 수탈, 수탈에 의한 계층분해, 민족운동의 주체로서 학생, 노동쟁의, 봉건잔재의 파괴, 부르주아, 민족주의 혁명, 반제(反帝) 항일투쟁, 사회주의 진영의 합법적 공간 상실, 식민사관(植民史觀)의 정체성론, 유물론, 계급갈등, 반제국주의 투쟁, 계급적 교육, 지주에 대한 투쟁, 계급투쟁 토지집중, 예속 자본가, 프롤레타리아 문학, 보천보 전투, 국유화, 사회주의적 개혁, 노동 대중의 해방, 무장봉기, 무상의무교육, 무상몰수 무상분배"

이 단어들은 중립적인가요, 편파적인가요? 다양성을 존중했습니까, 편향적입니까? 단어 자체도 편향성을 가질 수 있습니다. 이 단어들은 공산주의자들이 즐겨 사용하는 용어입니다. 그네들의 용어를 고등학교 교과서 자습서에서 그대로 썼습니다.

예를 들어 봅시다. 학교에서 상식을 가르칩니다. 선생님이 "너희들이 상식적으로 이런 단어는 알아야 해"하면서 가르칩니다. 어떤 단어를 가르치느냐면, '삼위일체·성령충만'을 가르칩니다. 상식을 알아야 한다면서, 기독교 용어와 개념을 가르친다고 가정해봅시다.

그러면 학생들은 별 생각 없이 상식인 줄 알고, 기독교적인 단어를 이해하게 되지요. 기독교에서 쓰는 단어를 이해하면 자신도 모르게 기독교적 개념이 심겨집니다. 본인도 모르게 기독교에 젖어 들어갑니다. 그렇다면 나중에 기독교인이 될 가능성이 높아집니다. 기독교에 친화적인 인물이 될 수도 있습니다.

마찬가지로, 마르크스주의자들의 용어를 청소년 자습서에 잔뜩 실어 놓으면, 꼭 공산주의라고 적혀 있지 않아도, 공산주의가 뭔지 몰라도, 학교 공부를 하다가 본인도 모르게, 공산주의적인 용어에 젖어들게 됩니다. '무상분배 · 무상몰수 · 무상의무교육' 같은 단어가 머릿속에 들어가면, '무상'이 포퓰리즘(populism)인지도 모르고, 공짜가 좋은 거라고 생각할 가능성이 높습니다. 본인도 모르게 친(親) 공산주의적으로 생각이 흘러가고, 인생도 따라가게 됩니다. 그람시의 진지전 이론이 교육 분야에 그대로 적용되었음을 알 수 있습니다.

한국사 교과서에서 유관순(柳寬順)이 빠졌습니다. 유관순은 기독교인이니까요. 대신에 사회주의 여성 운동가를 넣었습니다. 교과서의 노선을 분명히 보여주는 사례이지요. 그런데 단순히 누구를 넣고 빼고 하는 문제보다 더 중요하고 심각한 문제가 있습니다. 교과서 전체의 구조 · 틀, 교과서에 일관되게 흐르는 교육철학이 마르크스주의 역사관이라는 점입니다. '공산사회를 이루기 위한 공산혁명이 정의'라는 관점에서 교과서를 썼기 때문에, 그 관점에 맞는 무수한 용어들이 우리 아이들의 교과서에 그대로 등장합니다. 좌파들이 교육의 진지전에서 승리했다는 증거입니다.

그람시로 대한민국 분석하기 ③ 영화

"1986년 이후, 주체사상은 빠른 속도로 퍼져나갔고, 학생, 노동, 문화 운동의 다수파가 되었다. 이후로 문화예술분야에는 미국을 주적으로 이해하는

좌파 예술가들이 등장하기 시작했다." - 김철홍 교수

　1982년 서울대학교에 자생적인 주체사상파 그룹이 등장합니다. 4년 후인 1986년 즈음, 주사파 혁명가들이 문화계로 대거 진출 했습니다. 그래서 80년대 이후, 대한민국에서 1,000만 관객을 동원한 영화의 리스트를 뽑아보면, "국제시장" 정도를 제외하고는 거의 좌경화된 영화들입니다.

　김대중 정권이 들어서고 나서, 1999년에 '영화진흥공사'를 해산시켰습니다. '영화진흥공사'는 반공우파 영화인들의 아지트였습니다. 공사를 해산시키고, '영화진흥위원회'를 설치했습니다. 좌파들은 '위원회'를 좋아합니다. '영화진흥위원회'가 '남북영화 교류 특별위원회'를 만들었습니다. 영화진흥위원회 소속으로 우파 원로 예술가들을 쫓아낸 대표적인 인물이 문성근입니다. '백만민란을 일으키자'고 선동했던 대표적인 좌파 운동가지요.

　'영화진흥위원회'는 남북영화교류 등 좌파들이 좋아하는 짓을 열심히 합니다. 그 결과로 영화계는 급격하게 좌경화 됩니다. 수많은 반미(反美) 영화가 만들어집니다. 그 영화들 가운데서도 수작(秀作)으로 꼽히는 작품이 있습니다. 〈괴물〉입니다.

　역대 흥행작 8위, 외국 영화를 제외하면 6위입니다. 2006년에 1,300만 명의 관객이 관람했습니다. 줄거리는 대강 이렇습니다. 주한미군이 한강에 독극물을 뿌리고, 독극물을 먹은 물고기가 괴물이 됩니다. '주한미군이 독극물을 뿌려서 괴물이 나왔다', 이 설정이 무슨 의미일까요? '주한미군은 괴물이다. 그러니까 물러나라', 이렇게 해석할 수도 있습니다. 주한미군의 독극물을 마신 괴물이 여중생을 납치합니다. 여고생도 아니고 여대생도 아니고 왜 여중생일까요? 미군 장갑차 사고로 여중생이 죽었던 사건이 연상됩니다.

괴물이 여중생을 납치하는데, 군인·경찰·정부당국은 사실을 은폐하기에 급급합니다. '미군이 만든 괴물이 국민을 괴롭히는데 정부당국은 손 놓고 있다', 무슨 의미일까요? '미국이라는 괴물이 날뛰는데 국가 공권력은 제재도 못한다. 대한민국이 미국의 식민지 아니냐', 괴물이란 영화를 하나하나 뜯어보면, 처음부터 끝까지 반미 코드에 맞춰져있습니다.

반미영화를 잘 만들어서 히트를 친 것도 참 한심스러운 일입니다만, 서울시장 박원순이 국민세금으로 〈괴물〉 조형물을 만들어서 한강에 설치했습니다. 2015년 1월 1일 새해 첫날, 서울시에서 "한강이야기 만들기" 사업을 시행했습니다. 그 사업의 일환으로, 10년이 지난 영화의 조형물을 여의도 한강공원 옆에 세웠습니다. "영화 〈괴물〉을 잊지 마세요. 10년이 지났지만 꼭 다시 보셔야 됩니다"라는, 일종의 홍보로도 해석할 수 있습니다. 세월이 흘러도, 시간이 지나도, 반미 영화는 꼭 봐야한다고, 한강변을 걷는 시민들에게 광고하는 셈입니다.

제가 오늘 세 가지 사례를 들었습니다. 첫째는 출판 분야, 100만 권 이상 팔린 베스트셀러 저자의 인터뷰 내용을 봤더니, 그람시의 이론이 그대로 담겨있습니다. 둘째는 교과서, 사회주의적인 용어와 단어로 가득 차있습니다. 셋째는 영화, 반미 영화를 만들고 그것도 모자라 조형물까지 만들었습니다. 이런 사례가 수도 없이 많습니다.

오늘날의 대한민국은 안토니오 그람시의 진지전이 눈부시게 성공한 사례입니다. 공산주의자 또는 친공산주의 좌파세력이 정치·경제·사회·문화·교육·종교 각 분야의 헤게모니를 장악하고 있는 상황입니다.

"그람시의 진지전"이라는 이론을 기억하시면서 책을 읽으시고, 텔레비전을 시청하시고, 영화관에 가시고, 음악을 들으시기 바랍니다. 우리가 아무 생각 없이 보고 듣는 책·음악·영화·드라마 속에도 공산주의 코드가 숨어서 들어가 있습니다.

이런 간접적인 메시지를 통해 끊임없이 국민들이 세뇌 당했습니다. 그 결과, 고모부 장성택을 처형하고 형 김정남을 암살하고도, 김정은이 호감도 70%를 달성했습니다. 그야말로 "세뇌의 결정판"입니다. 언론이 지속적으로 김정은 친화적인 보도를 내보내고, 문화 곳곳에 영향을 주고 있어서, 자신도 모르게 세뇌되고 있는, 대한민국의 현주소입니다.

민주노동당에서 활약했던 김현우가 안토니오 그람시에 대한 책을 쓰면서 결론 부문에서 말했습니다.

"68혁명에서, 유럽과 중남미의 좌파 정치에서, 해방신학과 교육학에서, 대항문화를 추구하는 미디어와 저널에서, 그리고 여성주의 운동과 각종 소수자 운동에서 그람시와 그람시주의 정치는 어떨 때는 그의 이름을 달고, 또 어떨 때는 아무런 표식도 없이 불쑥 불쑥 모습을 드러내기도 하고 녹아서 흐르기도 한다."

– 김현우, 〈안토니오 그람시〉

김현우가 책을 쓴 지 10년 가까이 되었는데, 10년 전 여성주의 운동에 그람시의 모습이 보인다고 지적했습니다. 지금은 10년 전과 비교가 안 될 만큼, 여성인권운동이 맹렬합니다. '그람시'라는 명찰을 달기도 하고 달지 않기도 하면서, 대한민국의 모든 분야에 그람시가 드러나 있고 녹아있어서, 이 모양 저 모양으로 튀어나오고 있습니다.

　서울대학교 경제학부에서 가르치셨던 이영훈 교수님이 초 · 중 · 고 과정의 모든 교과서를 분석한 결과, 대부분의 나라에서 가르치는 중요한 개념 · 단어가 우리 교과서에 없다고 지적했습니다. 그 개념은 바로 "자유"입니다. 초 · 중 · 고 교과서가 자유를 가르치지 않는다는 사실입니다. 공산주의자들이 제일 싫어하는 것이 자유입니다.

　그래서 우리 헌법의 "자유민주주의"를 "민주주의"로 바꾸려고 개헌 (改憲)을 시도했지요. 공산주의자들은 '민주주의'란 단어를 '공산주의' 라는 뜻으로 사용합니다. 북한의 국명(國名)도 조선민주주의 인민공화국입니다. 공산주의공화국이 아닙니다.

　공산주의자들은 자유민주주의를 용납할 수 없습니다. 자유민주주의는 개인의 자유를 존중합니다. 공산주의에서의 개인은 당의 결정에 따라야 하기 때문에, 자유를 가르치지 않습니다. 공산주의 국가에는 실제로 자유가 없습니다. 그리고 대한민국의 모든 교육과정 교과서에도 자유라는 개념이 사라졌습니다.

　또 하나, 가르치지 않는 개념이 있습니다. 바로 준법정신(遵法精神)입니다. 미국은 준법정신을 확실하게 가르칩니다. 미국 학생들이 노는 걸 보면 부럽습니다. 입시지옥이라는 한국과 달리, 아이들이 신나게 놉니다. 그렇지만 세 가지는 꼭 가르칩니다. "세금 잘 내라, 남에게 피해를 끼치지 마라, 법을 지켜라", 이 세 가지만 지키게 만들어도 훌륭한 교육이지 않습니까? 세금 잘 내고, 법 지키고, 폐 안 끼치면 훌륭한 시민입니다.

　미국 학생들은 대학에 가서 본격적으로 공부합니다. 한국은 고등학교 졸업할 때까지 놀지도 못하고 죽어라고 공부만 하는데, 정작 가장 중요한 개념들은 가르치지 않습니다. 학생들은 자유와 준법정신에 대해서 제대로 배우지 못합니다. 자유를 배우지 않으니, 자유민주주의가 얼마나 소중한지 모릅니다. 준법정신을 배우지 않으니, 법을 어기고 어지럽고 지저분한 사회가 됩니다. 망가진 교육이 망가진 인생을 낳고, 망가진 사회를 만듭니다.

"자녀가 성인이 되어서도 부모에게 의지하고, 또 이런 자녀를 받아주는 풍토는 이런 교육의 토양에서 길러진 것이다. 정신적, 물질적으로 독립하지 못하는 개인은 자신의 자유의지가 침해당해도 분노하지 않고, 자신의 독자성에 자존감을 느끼지 못한다. 떼와 무리에 섞일 때 안락감을 느끼고 자신의 노력 없이 누군가의 도움을 기대한다." – 이영훈 교수

공산주의는 "자본가계층·노동자계층" 운운하면서 계급과 집단을 말합니다. 집단·떼만 생각하니 나의 자유, 나의 존엄성, 나, 개인이라는 개념이 실종됩니다. 또 내가 노력해 봤자 안 된다고 생각합니다. 생산수단을 소유한 자본가계급 때문에 부잣집 애들은 계속 부자로 살고, 가난한 집 애들은 계속 가난하게 산다고 생각하게 만듭니다. 이런 불의한 세상은 혁명을 일으켜서 타도해야 한다는 계급투쟁적 사고방식이 교육과정에 포함되어 있습니다.

'노력해봤자 안되는데, 왜 노력합니까? 세상이 바뀌어야지', 이런 사고방식에 의하면, 내가 불행한 것은 세상이 잘못 되었기 때문입니다. 내가 힘든 이유는 우리 부모가 자본가계급이 아니기 때문입니다. 노력해서 문제를 극복해야하는데, 자꾸 세상만 탓하게 됩니다.

부모를 잘 만나면 좋습니다. 세상이 내가 원한 대로 굴러가 주면 더 없이 좋지요. 그러나 부모님이 부자가 아니면, 내 인생은 안 되기

로 정해진 건가요? '비록 부모님이 부유하지 않고, 나를 충분히 밀어주지 못하셔도, 내가 열심히 일해서 효도해야 한다. 인생은 결국 내 책임이다', 이런 건강한 개인주의, 자유주의를 가르치지 않고, 가난한 집 자식은 아무리 노력해도 안 된다고만 가르치면, 노력해 봤자 안 되는 세상이라고 믿고, 노력하지도 않습니다.

열심히 노력하지 않으니, 능력이 개발 되지 않습니다. 내가 무능해서 인생이 힘들어져도, 재벌 탓 보수정권 탓으로 돌립니다. 내가 조금이라도 불안감을 느낄 때마다 누군가를 탓합니다. 탓을 많이 하다 보면 비판 도사가 됩니다. 할 줄 아는 것은 아무것도 없는데 비판만큼은 아주 잘하게 됩니다.

저는 학생들에게 강의하면서 자주 도전합니다. "이승만, 얼마든지 비판해라. 단, 전 세계에서 유일하게 공산화를 막아내고, 최강대국 미국과 맞짱을 떠서 굴복시킨 천재성과 용기를 먼저 배우고 그만한 실력자가 된 후에 욕해라. 박정희, 잘못한 거 많다고 욕해도 좋다. 그러나, 불과 한 세대 만에 3천만이 넘는 사람을 절대빈곤에서 탈출시킨, 능력과 열정을 배워서 박정희처럼 위대한 능력자가 되고 실력자가 된 다음에 욕해도 늦지 않다."

젊은이가 실력도 제대로 갖추지 않고, 기성세대가 썩었다느니 세상이 썩었다느니, 비판만 잘합니다. 청년세대가 보기에 기성세대가 형편없어 보일 수 있습니다. 하지만 인생을 살아 보면 그 정도가 되기도 쉽지 않음을 깨닫게 됩니다. 청년세대가 보기엔 형편없는 수준이지만, 그 수준까지 가기 위해서 기성세대가 얼마나 애쓰고 노력했는지, 아버지 어머니가 어떻게 고생했는지를 먼저 배워야 합니다. 인생을 먼저 배우고 실력을 쌓은 뒤에 '내가 노력해서 능력자가 되어보니

기성세대가 별로 대단하지 않네'하고 욕을 해도 늦지 않습니다.

비판하지 말라는 뜻이 아닙니다. 그러나 다음 세대가 비판하기 전에, 먼저 배워야 나라가 발전합니다. 사회가 성장할 수 있습니다. 그리고 본인도 행복해집니다. 그런데 배워야 할 것은 배우지 않고 비난만 배우면, 나라도 망하고 개인도 망합니다.

이제 결론을 맺겠습니다. 어떻게 싸워야할까요? 공산주의의 진지전에 맞서서, 하나님 나라의 진지전을 해야 합니다. '공산주의 사상을 가지고 정치 · 경제 · 사회 · 문화 · 교육 · 종교 각 분야에 들어가서 진지를 구축해서 헤게모니를 장악하라.', 그들의 전략에서 단어 하나만 바꾸면 우리의 전략이 됩니다. "공산주의"를 빼고, "하나님의 말씀"을 넣어 봅시다. 하나님의 말씀을 들고 정치 · 경제 · 사회 · 문화 · 교육 · 종교에 들어가서 진지를 구축하고 싸워서 헤게모니를 장악할 수 있을 때, 대한민국이 정상화 됩니다. 세상은 절대로 저절로 좋아지지 않습니다. 좋은 세상을 만들기 위해 무기를 들고 싸워야 합니다.

하나님 나라의 진지전을 위한 말씀, 시편 144편 1절을 보겠습니다.

"나의 반석이신 여호와를 찬송하리로다 그가 내 손을 가르쳐 싸우게 하시며 손가락을 가르쳐 전쟁하게 하시는도다"

하나님을 '사랑하시고 축복하시는 분'으로만 생각하기 쉽습니다. 그런데 시편에 묘사된 하나님은 싸움을 가르치시는 하나님입니다. 기독교를 지키려면 싸워야합니다. 동성애가 진보고 인권이고 진리라는 세상에서 어떻게 싸우지 않을 수 있겠습니까? 가능하면 싸우지 말고 화평하는 편이 제일 좋은데, 하나님의 이름을 위해서 싸워야 할 때는 피하지 말고 싸워야 합니다. 하나님은 내 손을 가르쳐 싸우게 하시는 분입니다.

"여호와는 나의 사랑이시요 나의 요새이시요 나의 산성이시요 나를 건지시는 이시요 나의 방패이시니 내가 그에게 피하였고 그가 내 백성을 내게 복종하게 하셨나이다"(시편 144편 2절)

사랑하는 여러분, 얼마나 좋은 말씀인가요. 한국교회는 '여호와는 나의 사랑이시요'만 강조합니다. 그런데 성경이 말하는 하나님은 나의 사랑이시면서 동시에 나의 요새이십니다. 하나님이 나의 요새라는 말씀을 체험해보셨나요? 하나님이 나의 요새이심을 제대로 경험하시려면 싸워 봐야 합니다. 하나님의 이름을 모독한 자들과 싸울 때, 그들의 공격 때문에 고통스러울 때, 하나님이 요새가 되셔서 나를 지켜주심을 체험하게 됩니다.

사람들에게 흐리멍덩하게 인식되면, 아무도 나를 공격하지 않습니다. "정말 예수 믿는 사람이었어? 몰랐는데? 너 불교 아니야?", 이 정도로 비치면, 하나님이 요새가 되어주고 싶으셔도, 요새 역할을 하실 기회가 없습니다. 요새는 싸우는 곳 아닙니까? 내가 싸워야만 요새가 필요해집니다. 하나님의 이름을 위해서 싸워야합니다. 공산주의와 싸워야합니다. 하나님의 이름을 지키기 위해서 싸울 때, 하나님이 요새가 되어주신다는 이 말씀이 얼마나 좋은 지, 얼마나 기가 막힌 은혜인지 체험하게 됩니다.

'나의 요새이시요 나의 산성이시고, 나를 건지시는 이시요 나의 방패이시니', 안토니오 그람시가 말한 진지와 참호·요새·보루·산성은 같은 개념입니다. 그람시는 공산주의 요새, 공산주의의 산성,

공산주의의 진지 구축을 내세웠습니다.

그런데 시편 144편을 읽어보니, 하나님이 요새가 되시고 하나님이 산성이 되십니다. 하나님 나라의 진지전을 펼치라는 말씀입니다. '내가 그에게 피하였고', 이 난세(亂世)에 싸우다가 지치면, 하나님 품으로 피해야 합니다. 그럴 때 '그가 내 백성을 복종하게 하셨나이다'는 축복이 약속됩니다.

시편 144편의 화자(話者)는 다윗입니다. 블레셋이 쳐들어왔을 때, 골리앗이 나와서 하나님의 이름을 모독했습니다. 그 당시 이스라엘에 부자, 박사, 장군, 정치인이 많았습니다. 그런데, 싸우는 사람은 없었습니다. 박사든 장군이든 모두 골리앗 앞에서 벌벌 떨었습니다.

그때, 다윗이 형님들 간식 배달하려고 전쟁터로 왔다가 골리앗이 지르는 소리를 듣습니다. 거룩한 분노가 솟구쳐서 "이 할례 없는 블레셋 사람이 누구관대 사시는 하나님의 군대를 모욕하겠느냐"하고 외치며 짱돌을 들고 나가서 싸웠습니다.

부자도 있었고 지식인도 있었고 문화인 예술인 종교인 다 있었는데, 이스라엘에 싸울 자가 없었습니다. 다윗 혼자 싸웠더니, 하나님이 "이는 내 마음에 합한 자"라고 인정해주셨습니다. 하나님 나라의 싸움이 벌어질 때, 오직 싸우는 용사만이, 하나님 마음에 합한 사람입니다.

다윗은 평생 싸웠습니다. 골리앗과 싸웠더니, 다음에는 사울이 공격합니다. 사울의 공격을 피하면서 다윗이 하나님만을 더욱 의지하게 됩니다. 하나님 안에서 쉼과 힘을 얻고, 다윗이 싸움을 계속합니다. 이번에도 대적들이 반격합니다. 반격이 거셀 때, 다윗은 언제나 하나님의 요새로 피했습니다. 이렇게 싸우고 피하고 싸우고 피하기를 반복하는 사이에, 세월이 흐르고 시대가 변하면서, 다윗이 왕이 됩니다.

다윗이 이 놀라운 하나님의 역사를 두고 '그가 내 백성을 복종하게 하셨나이다'고 찬양했습니다. 하나님의 대적자들과 싸우고, 여호와의 산성에서 진지를 구축한 다윗에게, 사람들이 복종합니다. 하나님이 이스라엘 백성 전체를 다 복종하게 하십니다. 결국 명문가 출신도 아니고 학벌도 없는, 아버지에게 무시당하고 형들한테 모욕당했던, 천덕꾸러기였던 목동 다윗이, 왕위에 오릅니다. 하나님을 위한 싸움에 일생을 바친 용사에게 내리신, 인생역전의 축복입니다.

"이러한 백성은 복이 있나니 여호와를 자기 하나님으로 삼는 백성은 복이 있도다" (시편 144편 15절)

소련은 스탈린(Joseph Stalin)을 자기 하나님으로 삼았다가 멸망했습니다. 북한은 김일성을 자기 하나님으로 삼았다가 굶어 죽었습니다. 대한민국은 여호와를 자기 하나님으로 삼는 나라로 세워졌습니다. 기독교 정신으로 건국되어서 눈부시게 성장하고 한강의 기적을 이루었습니다. 하지만, 공산주의자들이 헤게모니를 장악하면서, 하나님을 하나님으로 섬기지 못해서, 기울어가고 있습니다.

대한민국을 어떻게 바로잡아야 할까요? '여호와를 자기 하나님으로 삼는 백성은 복이 있도다', 예수 잘 믿는 나라, 여호와를 자기 하나님으로 삼는 백성, 진리의 말씀을 따르는 나라가 되어야 약속된 축복을 받게 됩니다. 기독교 대한민국의 비전을 위하여, 우리 모두가 싸울 줄 아는 믿음의 용사들이 되기를, 주님의 이름으로 축원합니다.

▲ 미국의 만평 작가 팻 크로스(Pat Cross)의 웹툰.
공산주의를 바이러스에 빗대어 풍자했다.
– "자네, 중국을 덮고 있는 치명적인 바이러스에 대해서 들었는가?"
– "공산주의요?"

(출처: patcrosscartoons.com)

공산주의 바이러스 [1]

그 때에 창기 두 여자가 왕에게 와서 그 앞에 서며 한 여자는 말하되 내 주여 나와 이 여자가 한집에서 사는데 내가 그와 함께 집에 있으며 해산하였더니 내가 해산한 지 사흘 만에 이 여자도 해산하고 우리가 함께 있었고 우리 둘 외에는 집에 다른 사람이 없었나이다 그런데 밤에 저 여자가 그의 아들 위에 누우므로 그의 아들이 죽으니 그가 밤중에 일어나서 이 여종 내가 잠든 사이에 내 아들을 내 곁에서 가져다가 자기의 품에 누이고 자기의 죽은 아들을 내 품에 뉘었나이다 아침에 내가 내 아들을 젖 먹이려고 일어나 본즉 죽었기로 내가 아침에 자세히 보니 내가 낳은 아들이 아니더이다 하매 다른 여자는 이르되 아니라 산 것은 내 아들이요 죽은 것은 네 아들이라 하고 이 여자는 이르되 아니라 죽은 것이 네 아들이요 산 것이 내 아들이라 하며 왕 앞에서 그와 같이 쟁론하는지라

왕이 이르되 이 여자는 말하기를 산 것은 내 아들이요 죽은 것은 네 아들이라 하고 저 여자는 말하기를 아니라 죽은 것이 네 아들이요 산 것이 내 아들이라 하는도다 하고 또 이르되 칼을 내게로 가져오라 하니 칼을 왕 앞으로 가져온지라 왕이 이르되 산 아이를 둘로 나누어 반은 이 여자에게 주고 반은 저 여자에게 주라 그 산 아들의 어머니 되는 여자가 그 아들을 위하여 마음이 불붙는 것 같아서 왕께 아뢰어 청하건대 내 주여 산 아이를 그에게 주시고 아무쪼록 죽이지 마옵소서 하되 다른 여자는 말하기를 내 것도 되게 말고 네 것도 되게 말고 나누게 하라 하는지라 (열왕기상 3.16-26)

1848년 칼 마르크스(Karl Marx)가 쓴 〈공산당 선언〉이 출판되었습니다. 첫 문장은 이렇게 시작됩니다. "하나의 유령이 유럽을 떠돌고 있다. 공산주의라는 유령이다. 낡은 유럽의 모든 세력이 대동단결해서 이 유령을 향해 거룩한 몰이 사냥에 나섰다."

마르크스가 말한 대로, 공산주의라는 유령을 막으려고 많은 세력들이 연합해서 싸웠습니다. 유령과의 싸움에서 승리한 나라들도 있었고 패배한 나라들도 있었습니다. 패배한 나라들은 공산주의의 유령이 얼

---

1) 2011년 7월 24일 김홍도 감독이 "사회주의와 공산주의"라는 제목으로 설교한 내용을 재구성하여 2020년 3월 29일 김정민 목사가 설교한 말씀입니다.

마나 무섭고 끔찍하고 잔인한지를 오랫동안 체험해야 했습니다.

마르크스가 사용한 유령이라는 표현을 요즘에 어울리는 단어로 바꾸면 "바이러스"일 것입니다. 모양도 없고 보이지도 않는 유령처럼, 바이러스가 떠돌고 있습니다. 지금 세상에 떠도는 바이러스에는 두 종류가 있습니다. 하나는 사람들이 다 아는 코로나 바이러스입니다. 또 하나는 사람들이 잘 모르는 공산주의 바이러스입니다. 코로나 바이러스는 시간이 걸리지만 극복할 수 있습니다. 하지만 공산주의라는 바이러스를 극복하기는 결코 쉽지 않습니다.

대한민국의 지나간 역사는 공산주의 바이러스를 이겨낸 자랑스러운 역사입니다. 그러나 최근에 잘 되던 나라가 비틀거리는 이유는 이 치명적인 바이러스에 다시 감염되고 있기 때문입니다. 바라기는 대한민국이 코로나 바이러스를 이겨내고 공산주의와의 싸움에도 승리하기를 주님의 이름으로 축원합니다.

첫째로 공산주의는 평등을 외치면서 불평등한 세상을 만듭니다. 공산주의는 글자 그대로 재산을 공유하자는 사상입니다. 모든 사람이 모든 재산을 나누는 평등한 세상을 만들자는 주장입니다. 평등을 외치는 공산주의자들은 불평등을 비판합니다. 불평등이 생기는 이유가 바로 사유재산 때문이라고 말합니다.

자본주의 국가에는 재산을 많이 가진 자본가가 있고 적게 가진 노동자가 있습니다. 사유 재산을 인정하면 자본가들의 재산을 그대로 인정하게 되어 불평등해집니다. 그렇기 때문에 공산주의자들은 자본가들의 재산과 생산 수단을 빼앗아서 국가로 환원시켜야 한다고 말합니다. 모든 재산과 생산수단을 국유화시킨 다음에, 모든 사람이 공동으로 사용하자고 합니다. 공동으로 일해서 얻은 이익도 공동으로 나누면 불평등이 없어진다는 것이 공산주의 사상입니다.

말로만 들으면 그럴듯합니다. 돈을 벌 수 있는 수단도 함께, 돈을 버는 작업도 함께, 돈을 나누는 분배도 함께, 다 함께 평등한 세상을 만들자는 이야기가 낭만적으로 들리기도 합니다. 하지만 길고 짧은 것은 대봐야 압니다. 듣기에 좋은 소리가 실제로도 좋은지는 확인해 보아야 합니다.

사랑하는 성도 여러분, 사람에게는 소유욕이 있습니다. 태어나면서 부터 "내 것"을 갖고 싶어 합니다. 내가 열심히 노력해서 거둔 열매가 내 것이 될 때 만족감을 느낍니다. 그런데 사유 재산을 인정하지 않으면, 아무리 노력해도 그 열매가 내 것이 되지 않습니다. 열심히 일한 사람과 일하지 않은 사람이 똑같이 나누어야 합니다. 그러면 누가 열심히 일하겠습니까?

내 것을 갖고자 하는 소유욕은 인간의 본성입니다. 이 본성을 무시한 공산주의는 다른 본성들도 차례로 무너뜨립니다. 고생하고 노력해봤자 내 것이 안 되니, 열심히 일할 필요가 없습니다. 그래서 공산주의는 노동의 의욕을 꺾어 버립니다. 머리를 싸매고 연구해도, 그 이익이 나에게 돌아오지 않습니다. 그러니 더 좋은 길을 찾기 위해 창의력을 발휘할 이유가 없습니다. 그래서 공산주의는 창의력을 꺾어 버립니다.

이런 일이 반복된다고 생각해봅시다. 소유욕을 부정하고 노동 의욕을 꺾고 창의력을 무너뜨려서 사람들이 일하지도 않고 생각하지도 않으면 어떻게 될까요? 모든 면에서 수준이 낮아지게 됩니다. 경제가 몰락하게 됩니다. 공산주의자들은 지상천국인 유토피아를 만들겠다고 했습니다. 하지만 실제로 공산주의 국가들은 유토피아가 아니라 거지토피아가 되어버렸습니다. 그래서 공산화가 되면 결국 많은 사람들이 굶어 죽는 비참한 나라가 됩니다.

그런데 거지토피아가 된 공산주의 국가에서도 부귀와 영화를 누리는 사람들이 있습니다. 누구일까요? 바로 공산당 간부들입니다. 여기에서 생겨난 단어가 "노멘클라투라"라는 말입니다. 노멘클라투라를 번역하면 "공산주의 귀족" 혹은 "공산주의 특권 계급"이라는 뜻입니다.

차별을 없애고 계급을 없애자고 하면서, 공산당 간부들은 온갖 특권을 다 누리는 귀족이 되었다는 뜻입니다. 인터넷에 "노멘클라투라"를 입력하면 "온갖 착취를 일삼았다"는 말이 나옵니다. 자본가들의 착취를 없애자는 공산주의자들이 오히려 귀족이 되어서 사람들을 착취했습니다.

노멘클라투라는 지금도 있습니다. 2020년 현재, 세계에서 가장 불평등한 나라가 어디일까요? 압도적인 1위는 북한입니다. 김정은은 세계 최고 수준의 부자입니다. 김정은의 별장이 7천 개가 넘습니다. 하지만 북한 주민들은 수백만이 굶어 죽었습니다. 지금도 북한 주민의 절반 이상이 영양실조 상태에 있습니다.

북한 다음으로 불평등한 나라는 어디일까요? 아마 중국일 것입니다. 중국 공산당 고위 간부 160명의 평균 재산이 우리 돈으로 1조 4천억 정도입니다. 그런데 중국에 집이 없어서 굴을 파 놓고 사는 가난한 사람들이 5천만 명 정도 됩니다. 당 간부 160명은 1조 4천억을 쌓아놓고 있는데, 5천만의 국민들은 사람이 사는 집이 아니라 동물이 사는 굴에서 삽니다.

평등을 외치는 공산주의자들이 세계에서 가장 불평등한 나라를 만들었습니다. 우리나라도 마찬가지입니다. 대놓고 공산주의가 좋다고 하는 정치인들이 있습니다. 그들의 재산을 조사해보면 어마어마합니다. 공산주의를 찬양하면서도 자식들을 전부 미국으로 유학 보냈습니다. 공산주의를 좋아하는 국회의원들의 자녀들이 명품으로 온몸을 휘감고 다닙니다.

공산주의에 딱 들어맞는 성경 구절이 있습니다. 고린도후서 11장 14절입니다. "이것은 이상한 일이 아니니라 사탄도 자기를 광명의 천사로 가장하나니" 이것은 이상한 일이 아닙니다. 공산주의가 평등을 외치고 지상낙원을 외치면서 가장 불평등한 지옥을 만들어낸 것은 이상한 일이 아닙니다. 사탄도 사탄처럼 말하고 사탄처럼 보이지 않습니다. 사탄은 광명한 천사로 가장합니다.

마찬가지로 공산주의는 평등이라는 아름다운 꿈으로 가장합니다. 하지만 마지막에는 지옥과 같은 세상을 만듭니다. 우리가 이 땅에서 사람답게 살아남으려면, 공산주의의 가장과 거짓에 속지 말아야 합니다. 거짓말에 속지 않고 진리를 분별하는 지혜가 한국 교회 모든 성도들에게, 그리고 대한민국의 모든 국민에게 임하기를 예수님의 이름으로 축원합니다.

둘째로 공산주의는 목적을 위해서 수단을 정당화합니다. 모든 사람이 똑같이 나누어 갖게 하려면, 가진 자들의 재산을 빼앗아야 합니다. 그래서 공산주의는 폭력을 정당화합니다. 저는 서두에 칼 마르크스가 쓴 〈공산당 선언〉의 첫 문장을 소개해드렸습니다. 이제 〈공산당 선언〉의 마지막 문장을 읽어 드리겠습니다.

"공산주의자들은 자신들의 목적이 기존의 모든 사회 질서를 폭력적으로 타도함으로써만 이루어질 수 있다는 사실을 공공연하게 밝힌다. 지배 계급들을 공산주의 혁명 앞에서 벌벌 떨게 하라. 이 혁명에서 프롤레타리아가 잃을 것은 쇠사슬뿐이요 얻을 것은 세계 전부이다. 만국의 프롤레타리아여, 단결하라."

공산주의자들이 성경처럼 소중하게 여기는 〈공산당 선언〉의 첫 문장은 "공산주의의 유령"입니다. 그리고 마지막 문장은 "폭력"입니다. 공산주의 혁명을 이루기 위해서는 폭력적인 수단을 사용해야 합니다. 거짓말, 약탈, 강도, 테러, 방화를 저질러도 됩니다. 공산주의라는 목표를 이루기 위해서 어떤 수단을 사용해도 됩니다. 그들은 목적이 수단을 정당화한다고 믿습니다.

이와 비슷한 주제를 다룬 문학의 걸작이 있습니다. 러시아의 대문호 도스토예프스키(Fyodor Mikhailovich Dostoevsky)가 쓴 〈죄와 벌〉이라는 소설입니다. 주인공인 라스콜리니코프는 가난한 청년입니다. 그는 악한 사람의 돈을 빼앗아서 가난한 사람들에게 나누어주는 게 선이라고 생각합니다. 백 명의 가난한 사람을 돕기 위해서, 한 명의 부자를 죽이는 것은 죄가 아니라고 믿습니다.

라스콜리니코프는 자신의 생각을 실천에 옮기기 위해서 늙은 노파를 선택합니다. 그녀는 가난한 사람들의 피를 빨아서 돈을 모은 전당포 주인이고 고리대금업자였습니다. 라스콜리니코프가 전당포의 노파를 실제로 죽이는데, 그 과정에서 예상치 못했던 일이 일어납니다. 악한 노파의 여동생이 살인의 현장을 목격한 것입니다.

그 여동생은 신앙심이 깊었고 착했고 백치였습니다. 지적으로나 경제적으로나 사회적으로나 최하층에 속한 사람이었습니다. 가진 자를 죽여서 못 가진 자를 살려야 한다는 사상에 의하면, 전당포 노파는 죽여야 하고 그 여동생은 살려야 합니다. 하지만 살인을 저지르는 마당에, 목격자를 그냥 둘 수는 없습니다. 결국 라스콜리니코프는 악한 노파와 선한 여동생을 모두 죽입니다.

　바로 이 대목이 공산주의의 비극과 유사합니다. 공산주의자들은 인민재판을 합니다. 가진 자, 착취자, 인민의 적, 부르주아, 악한 자를 없앤다고 합니다. 그러면서 소련에서 3,800만 명을 죽였습니다. 중국에서 4,000만 명을 죽였습니다. 북한에서 100만 명이 인간 이하의 취급을 당하는 정치범 수용소에 갇혔습니다. 그러면 소련의 3,800만 명이 모두 악한 자일까요? 중국의 4,000만 명, 북한의 100만 명이 모두 착취자이고 인민의 적이고 가진 자일까요? 그렇지 않습니다. 사실은 악한 자를 죽인다고 하면서 기독교인을 죽였습니다. 공산당에 반대하는 자유인들을 죽였습니다.

　라스콜리니코프는 악한 자만 죽이려고 하다가 선한 사람까지 죽였습니다. 가진 자를 죽여서 못 가진 자에게 나누어준다고 하면서, 오히려 못 가진 자도 죽였습니다. 그는 어쩔 수 없이 그렇게 했지만, 공산주의자들은 의도적으로 그렇게 했습니다. 인민의 적을 죽인다고 하면서, 사실은 수많은 인민들을 죽였습니다.

　라스콜리니코프는 목적이 수단을 정당화한다고 믿었습니다. 하지만 막상 살인을 저지르니, 양심에 가책이 생깁니다. 그는 죄책감에 시달리다가 결국 자수하고 벌을 받습니다. 전당포 노파의 살인으로 시작된 소설은 양심과 회개의 이야기로 끝을 맺습니다.

　사랑하는 성도 여러분, 가슴에 손을 얹고 양심의 소리를 들어봅시다. 목적이 선하다면 수단은 악해도 되는가? 배운 자, 가진 자, 부자는 무조건 악하니까 없애도 되는가? 좋은 세상을 만든다는 명분이면 폭력도 괜찮고 살인도 좋은가? 양심의 소리는 그렇지 않다고 말합니다.

결국 공산주의와의 싸움은 양심의 문제입니다. 공산주의는 증오심과 거짓말로 양심을 마비시킵니다. 그러나 양심이 살아있는 사람은 굴복하지 않습니다. 수많은 나라가 공산화되었지만, 동시에 수많은 나라가 공산주의의 굴레에서 벗어났습니다. 양심이 살아있는 사람들이 순교의 피를 흘리며 싸웠기 때문입니다. 이 나라의 양심이 살아나서 공산주의와의 전쟁에서 승리하기를 주님의 이름으로 축원합니다.

셋째로 공산주의는 증오와 죽음을 부추기고, 성경은 사랑과 생명을 가르칩니다. 열왕기상 3장은 유명한 솔로몬의 재판 이야기입니다. 두 여자가 한 지붕 아래 살다가 3일 간격으로 아이를 낳았습니다. 여자들이 모두 창기였기 때문에, 남편도 없고 가족도 없이 둘이서 삽니다. 그런데 한 여자가 잠을 자다가 아기 위에 누워서, 아들이 그만 죽게 되었습니다. 그러자 다른 여자의 아기와 바꿔치기를 하고 자기 아들이라고 우깁니다.

아이는 하나인데 엄마라고 주장하는 여인은 둘이 된 것입니다. 여자들이 모두 창기이기 때문에, 아이가 태어나는 걸 본 사람도 없고 어떻게 생겼는지 확인한 사람도 없습니다. 아무도 모르게 낳은 아들을 놓고 서로 내 아들이라고 하니, 어느 쪽이 맞는지 알 수가 없습니다.

사랑하는 성도 여러분, 솔로몬이 어떻게 판결을 했나요? 칼을 가져오라고 말합니다. 아이를 반으로 잘라서 나누어 가지라고 했습니다. 그랬더니 한 여자가 말합니다. "왕이여, 좋습니다. 공평하게 아이를 갈라서 나누어주십시오." 한 여자는 자신 있게 공평과 평등을 말했는데, 다른 여자는 그러지 못했습니다. 가슴에 불이 붙어서 사정을 합니다. "왕이여, 나에게 아이를 안 주셔도 좋으니 제발 죽이지만 말고 살려주십시오. 차라리 그 아이를 저 여자에게 주십시오."

누가 아이의 엄마였을까요? 다른 사람에게 보내는 한이 있어도, 내 자식이 아니라고 부인하는 한이 있어도, 그 아이가 쪼개져서 죽는 꼴은 도저히 볼 수 없는 여자였습니다. 솔로몬이 그녀에게 아들을 주라고 판결했습니다.

공산주의의 모습이 죽은 아이의 엄마와 비슷합니다. 아들을 죽여 놓고 그러지 않았다고 거짓말을 합니다. 나는 아이가 죽었는데, 다른 여자는 아이가 살아있으니, 그 꼴을 못 봅니다. 남의 아이를 빼앗아서 내 것으로 만들려고 합니다. 그러다가 아이가 죽어도 상관없습니다. 아이를 죽여서라도 평등하게 나누자고 합니다. 그녀에게는 사랑이 없습니다.

하지만 정말로 아이를 사랑하는 엄마는 그럴 수 없습니다. 불공평해도 좋고 내 권리를 못 찾아도 좋으니, 제발 아이만은 살려달라고 말합니다.

세상에는 가진 자와 못 가진 자가 있습니다. 가진 자들이 못 가진 자들을 무시하고 차별하기도 합니다. 때때로 재벌들과 기업가들이 하는 짓을 보면 화가 날 때도 있습니다. 그렇다고 재벌을 다 해체하고 기업가들을 숙청한다면 어떻게 될까요?

재벌과 기업에서 일하는 국민들이 실업자가 됩니다. 재벌이 무너지고 기업이 무너지면 골목에 있는 가게도 무너지게 됩니다. 우리 속담에 부자는 망해도 삼 대가 간다는 말이 있습니다. 재벌도 없어지고 기업도 없어지고 경제가 무너져도 부자들은 살아남습니다.

문제는 서민들입니다. 일자리가 없어지면 서민들이 가장 고통받습니다. 그래서 애국자들은 가진 자를 비판할 수는 있어도 죽이려고 하지는 않습니다. 정말 서민들을 사랑하고 가난한 자들을 위한다면, 가진 자들의 잘못을 지적할 수는 있어도, 타도하자고 하지는 못합니다.

공산주의자들이 증오하고 빼앗자고 하는 이유는 가난한 사람들을 사랑하지 않기 때문입니다. 그들은 가난한 자들에게 증오심을 불어넣어서 자신들의 권력을 위한 수단으로 이용합니다.

공산주의는 거짓말하고 증오하고 빼앗고 죽이게 하는 강도의 사상입니다. 살아있는 아기를 반으로 잘라 죽여서라도 나누자는 창기의 사상이요, 죽음의 이데올로기입니다. 하지만 기독교는 사랑을 가르칩니다. 다른 사람에게 보내도 좋으니, 아이를 죽이지 말라는 어머니의 마음입니다. 가진 자들의 하는 짓이 꼴 보기 싫을 때가 있어도, 나라를 죽이면 안 되고 사람을 죽이면 안 된다는 생명의 사상입니다.

사랑하는 성도 여러분, 증오와 죽음을 부추기는 공산주의가 강해질수록 세상은 고통스러워집니다. 반대로 사랑과 생명을 소중히 여기는 기독교가 강해질수록 세상은 아름다워집니다. 아름다운 세상을 만들기 위한 가장 중요한 싸움은 기독교와 공산주의의 대결입니다. 그것은 곧 미움과 사랑의 대결이고 죽음과 생명의 대결입니다. 우리 시대의 가장 중요한 싸움이요, 이 땅의 그리스도인들이 기도하고 행동하며 싸워야 할 영적인 대결입니다.

바라기는 공산주의를 물리치고 기독교 대한민국을 지켜내는 한국 교회 성도들과 이 나라의 국민들이 되시기를 예수 그리스도의 이름으로 축원합니다.

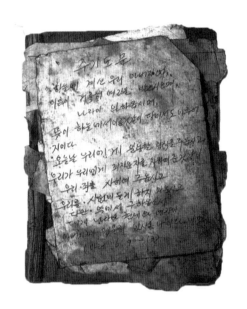

▲ 북한 지하교회 성도가 필사한 주기도문

공산주의자들은 교회를 부수고 또 부수었지만
교회는 지하교회로 살아남았다. 태우고 또 태
웠지만 성경은 사람들이 손으로 쓴 글자로 전
해졌다. 죽이고 또 죽였지만, 순교의 피에서 부
흥의 씨앗이 자라났다.

(사진 출처: 도서 '박해', 김희태 · 정베드로 공저)

왜 그리스도인은
공산주의와 싸워야 하는가?[2]

예수와 함께 있던 자 중의 하나가 손을 펴 칼을 빼어
대제사장의 종을 쳐 그 귀를 떨어뜨리니
이에 예수께서 이르시되 네 칼을 도로 칼집에 꽂으라
칼을 가지는 자는 다 칼로 망하느니라
너는 내가 내 아버지께 구하여 지금 열두 군단 더 되는 천사를
보내시게 할 수 없는 줄로 아느냐
내가 만일 그렇게 하면 이런 일이 있으리라 한 성경이
어떻게 이루어지겠느냐 하시더라 (마태복음 26:51-54)

독일의 히틀러(Adolf Hitler)가 유대인들을 수용소에 가두고 학살했습니다. 그때 빅터 프랭클(Viktor Frankl)이라는 심리학자도 체포되었습니다. 그는 수용소에 있는 사람들을 관찰했습니다. 대부분이 살아남기 위해서 수단과 방법을 가리지 않았습니다. 조금이라도 더 먹으려고, 다른 사람들의 음식을 빼앗았습니다. 조금이라도 편한 잠자리를 얻으려고, 약한 사람들을 밀쳐냈습니다. 독일 간수들에게 잘 보이려고 비굴하게 굽실거렸습니다. 그러다가 많은 사람들이 좌절하고 절망했습니다.

---

2) 1989년 3월 9일 김홍도 감독이 "공산주의 이념과 기독교 신앙"이라는 제목으로 설교한 내용을 재구성하여 2020년 5월 31일 김정민 목사가 설교한 말씀입니다.

그런데 죽음의 수용소에서도 신념을 지킨 두 그룹의 사람들이 있었습니다. 낙심하지 않고, 고통스러운 상황에서도 희망을 가졌습니다. 자신들의 신념을 굽히지 않고 오히려 주변 사람들에게 신념을 전파했습니다.

그들은 정말 강한 자들이었습니다. 죽음의 수용소에서도 지켜낼 만큼 그들의 신념도 강했습니다. 빅터 프랭클은 이렇게 예언했습니다. "앞으로의 세상은 가장 강력한 두 세력의 대결이 될 것이다." 그들은 누구였을까요? 한 그룹은 기독교인, 또 한 그룹은 공산주의자였습니다. 빅터 프랭클의 예언대로 2차 대전 이후의 세계는 기독교와 공산주의가 치열하게 대결했던 전장이었습니다.

그 대결은 지금도 끝나지 않았습니다. 한국 땅에서도 끝나지 않았습니다. 이 대결의 승패에 따라서 이 나라의 운명이 결정됩니다. 하나님을 믿고 축복받는 기독교 대한민국인가, 심판을 받아 무너질 공산주의 대한민국인가, 우리는 선택하고 결정해야 합니다.

한국 교회 모든 성도들이, 그리고 이 나라의 국민들이 바른 분별력으로 깨어서 공산주의를 무너뜨리고 기독교 대한민국을 지켜내기를 주님의 이름으로 축원합니다.

첫째로 공산주의는 영혼의 존재를 부정하는 유물론입니다. 공산주의는 영혼의 가치를 인정하지 않습니다. 영혼의 가치를 인정하지 않으니, 정신의 가치도 인정하지 않습니다. 공산주의 창시자인 마르크스(Karl Marx)와 엥겔스(Friedrich Engels)는 "정신은 물질의 생물학적 부산물"이라고 말했습니다. 존재하는 것은 물질뿐이라는 주장입니다.

한번 생각해봅시다. 사람에게 영혼이 있고 정신도 있다고 믿으면,

사람을 어떻게 대하게 될까요? 소중히 여기게 됩니다. 죽어서 썩어 없어질 육체만을 가진 존재가 아니라, 영혼을 가진 영적인 존재로 대하게 됩니다.

하지만 사람에게 영혼도 없고 정신도 없고 그저 물질뿐이라면, 사람을 어떻게 대하게 될까요? 영혼이 없으니 영적인 존재로 대할 필요가 없습니다. 정신이라는 것도 물질의 지배를 받으니 정신적인 가치를 존중할 이유가 없습니다. 사람의 근원이 물질이라고 믿으니, 사람을 물질처럼 대하게 됩니다.

유물론자들은 사람을 물건처럼 이용합니다. 공산주의자들은 사람을 공산화 혁명의 도구로 이용합니다. 혁명에 방해가 되는 사람은 물건을 버리듯이 제거해 버립니다. 사람을 소중히 여기지 않으니, 사람을 죽이는 폭력도 정당화됩니다. 마르크스와 엥겔스는 계급이 없는 사회를 만들려면 자본가를 때려잡고, 국가도 무너뜨려야 한다고 주장했습니다.

부르주아 계급을 때려잡고 계급의 산물인 국가를 전복시키기 위해서는 폭력을 써야 합니다. 계급 없는 사회를 만들기 위해서는 거짓, 폭행, 파괴, 살인을 저질러도 괜찮습니다. 이런 주장을 하는 공산주의자들이 권력을 잡은 나라마다 인민재판이 벌어졌습니다. 피의 숙청이 일어나 피가 강같이 흘렀습니다.

스탈린(Joseph Stalin)은 혁명 투쟁을 핑계로 4,500만 명을 죽였습니다. 앞으로는 혁명을 내세웠지만, 사실은 권력을 잡기 위해서 그 많은 사람들을 죽였습니다. 중국에서 굶어 죽은 사람과 맞아 죽은 사람을 합치면 6,400만 명이 넘습니다.

기독교의 인간관은 공산주의와 정반대입니다. 기독교인들은 사람이 하나님의 형상대로 창조되었다고 믿습니다. 사람에게 영혼이 있다고 믿습니다. 영적인 존재인 사람은 하나님과 교제할 수 있고 하나님께 예배할 수 있습니다. 성경은 한 영혼이 온 천하보다 귀하다고 말합니다. 한 사람의 영혼의 가치가 온 천하의 물질세계보다 귀중하다는 말씀입니다. 그래서 기독교가 들어가는 나라마다 사람을 소중히 여기고 생명을 존중하게 됩니다.

사람을 존중하는 기독교에서는 폭력을 금지합니다. 유대교 지도자들이 군인을 보내서 예수님을 체포했습니다. 그때 베드로가 칼을 뽑아서 휘둘렀습니다. 대제사장의 종인 말고라는 사람이 베드로의 칼에 맞아서 귀가 잘렸습니다. 예수님이 그때 어떻게 하셨나요? 말고의 귀를 고쳐서 낫게 하셨습니다. 그리고 말씀하셨습니다. 마태복음 26장 52절을 봅시다. "이에 예수께서 이르시되 네 칼을 도로 칼집에 꽂으라 칼을 가지는 자는 다 칼로 망하느니라"

칼을 가지는 자는 칼로 망하고, 칼로 일어선 자도 칼로 넘어집니다. 이것은 인류 역사가 증명하는 진리입니다. 수많은 사람을 죽일 만큼 강력한 칼을 자랑했던 권력자들이 모두 멸망당했습니다.

계속해서 마태복음 26장 53절입니다. "너는 내가 내 아버지께 구하여 지금 열두 군단 더 되는 천사를 보내시게 할 수 없는 줄로 아느냐"

예수님은 얼마든지 무력을 쓰실 수 있었습니다. 열두 군단이 더 되는 천사를 동원할 수 있으셨습니다. 군단이라는 큰 부대가 열두 개나 있다면 어마어마한 병력입니다. 사람의 군단이 아니라 천사의 군단이라면 엄청난 위력입니다. 하지만 예수님은 천군 천사 열두 군단을 부를 수 있지만 부르지 않으셨습니다. 왜 그러셨을까요? 마태복음 26장 54절입니다. "내가 만일 그렇게 하면 이런 일이 있으리라 한 성경이 어떻게 이루어지겠느냐 하시더라"

성경이 어떻게 이루어지겠느냐, 바로 이것이 예수님이 무력을 쓰지 않으신 이유입니다. 저와 여러분의 죄를 대신해서 예수님이 십자가에 달리셔야 했습니다. 그것이 성경의 예언이고 하나님의 뜻입니다. 예수님은 하나님의 뜻을 이루시기 위하여, 무력을 동원하지 않고, 고난의 십자가를 지셨습니다.

사랑하는 성도 여러분, 기독교와 공산주의는 정반대의 길을 보여줍니다. 공산주의는 사람이 물질에 불과하다고 합니다. 혁명을 위해서 이용해도 되고 죽여도 된다고 합니다. 반대로 기독교는 사람이 온 천하보다 귀하다고 합니다. 그처럼 귀중한 사람을 살리기 위해서 예수님이 십자가를 지고 죽으셨다고 합니다. 공산주의의 길을 따라가면, 사람을 미워해도 되고 증오해도 되고 타도해도 됩니다. 내 마음에 안 드는 사람, 나보다 더 가져서 시기 나게 하는 사람, 나보다 잘나서 질투 나게 하는 사람을 적으로 몰아서 제거해도 됩니다.

반대로 기독교의 길을 따라가면, 사람을 미워하고 증오하고 타도해서는 안 됩니다. 나에게 힘이 있다고 해서 사람들을 마음대로 해서도 안 됩니다. 힘이 있으신 예수님이 힘을 쓰지 않으시고, 오히려 죄인들을 위해서 십자가를 지셨습니다. 그 예수님을 따라서 희생하고 용서하고 섬겨야 합니다.

살다보면 정말 미운 사람도 있고 싫은 사람도 있습니다. 그래도 예수님을 따라서 십자가를 지는 마음으로 사람을 사랑하면서 살아야 합니다. 증오하는 공산주의를 사랑하는 기독교 신앙으로 이겨내는 성도들이 되시기를 주님의 이름으로 축원합니다.

둘째로 공산주의는 하나님의 존재를 부인하는 무신론입니다. 성경은 하나님이 인간을 창조하셨다고 선포합니다. 마르크스는 이 말을 정면으로 뒤집습니다. 하나님이 사람을 만드신 것이 아니라, 사람이 하나님을 만들었다고 주장합니다. 마르크스는 "신이라는 존재는 필요 때문에 고안된 정신적 허구이다"라고 말했습니다.

이 말은 신이 없다는 뜻입니다. 신은 실제가 아니라 허구입니다. 사람이 정신으로 만들어낸 허구일 뿐입니다. 왜 사람이 신을 만들었느냐 하면 필요하기 때문입니다. 신이라는 존재가 있어서 나를 위로해주고 나와 함께 해주고 나를 도와주기를 바라는 마음으로, 있지도 않은 신이라는 존재를 상상했다는 것이 마르크스의 주장입니다.

사람이 신을 만들었고 종교도 만들었습니다. 종교를 만든 목적은 고통스러운 현실을 잊기 위해서입니다. 먹고 살기도 힘든 세상입니다. 괴롭고 외로운 인생입니다. 이런 현실을 잊기 위한 도피처로 종교를 만들었다는 것이 마르크스의 주장입니다. 그래서 마르크스는 유명한 말을 남겼습니다. "종교는 인민의 아편이다" 사람들이 현실의 고통을 잊기 위해서 종교라는 아편과 마약에 빠져든다는 말입니다.

종교에 대해서 마르크스가 한 말들을 소개합니다. "종교는 인간의 노예 상태의 사슬들을 장식해서 속이는 가상적인 꽃들이다. 종교는 '죽음 이후의 행복'이라는 꽃물이 들게 해서 사람으로 하여금 어리석게 고통을 감수하게 만든다. 그러나 언젠가는 사회적 분쟁과 관찰의 조명에 의해 이 꽃이 가짜임이 드러난다. 종교는 공산주의 혁명에 걸림돌이고 원수이기에 말살해야 한다. '나는 모든 신을 혐오한다'는 고백은 천상천하의 모든 신들에 대항하는 철학의 고백이며 그 슬로건이다."

마르크스는 모든 종교를 부정했지만, 그중에서도 가장 철저하게 증오한 대상이 바로 기독교입니다. 기독교 때문에 공산주의 혁명이 안 된다고 믿었기 때문입니다.

　보통 공산주의를 가리켜서 "마르크스 – 레닌주의"라고 부릅니다. 공
산주의의 창시자이자 이론가가 마르크스이고, 그 이론을 현실에 적용
해서 공산화에 성공한 혁명가가 레닌이기 때문입니다. 마르크스의 종
교론은 레닌에게 그대로 이어집니다.

　레닌의 주장을 소개합니다. "현대종교는 노동계급에 대한 사회적 억
압에 그 뿌리를 두고 있다. 종교는 하늘의 보상이라는 소망으로 위안
을 주면서 겸양과 인내를 가르친다. 종교는 인민의 아편이다. 노예들
의 참된 인간상과 인간적 생활에 대한 욕구를 망각하게 하는 일종의
정신적 마취제이다."

　공산주의 세상을 만들기 위해서는 궐기해야 합니다. 폭력을 써서 반
대자들을 죽이고 국가를 무너뜨려야 합니다. 그런데 혁명에 앞장서야
할 사람들이 기독교를 믿으면 마치 마취제를 맞은 것처럼 됩니다. 때
리지도 않고 부수지도 않고 죽이지도 않습니다.

　오히려 기도하고 성경 읽으면서 고통을 견뎌냅니다. 고통에 폭력으
로 반응해서 세상을 파괴해야 하는데, 고통에 신앙으로 반응해서 인내
합니다. 그래서 공산주의자들은 집요하게 기독교를 증오하고 박해했습
니다. 교회를 때려 부수고 성경책을 불태우고 기독교인들을 죽였습니
다. 공산주의자들이 죽인 기독교인 숫자가 무려 1억 명이 넘습니다.

　그러면 공산주의자들이 부수고 또 부수어서, 공산주의 국가에는 교
회가 없어졌을까요? 태우고 또 때워서 성경이 사라졌을까요? 죽이고
또 죽여서 공산주의 사회에서는 기독교인이 멸종했을까요? 그렇지 않
습니다. 부수고 또 부수었지만 교회는 지하교회로 살아남았습니다.

태우고 또 태웠지만 성경은 사람들이 손으로 쓴 글자로 전해졌습니다. 죽이고 또 죽였지만, 순교의 피에서 부흥의 씨앗이 자라났습니다.

독재자 스탈린을 비판했다는 이유로, 소련의 청년이 수용소에 갇혔습니다. 그는 대장암으로 수술까지 받아서 몸이 망가졌습니다. 자유를 박탈당하고 강제 노동에 시달리면서, 청년은 깊이 절망했습니다. 더 이상 살아야 할 의미가 없다고 생각했습니다.

그가 일하던 수용소에는 고압 전류가 흐르는 철책선이 쳐져 있었습니다. 만약 죄수들이 탈출을 시도하면, 철책선에 닿는 순간 시커멓게 타서 죽게 됩니다. 어느 날, 일을 하다 말고 그는 전기 철책선을 물끄러미 바라보았습니다. '이렇게 사느니, 죽는 게 낫다'는 마음에 그의 발걸음이 움직였습니다. 한 걸음, 또 한 걸음, 그는 철책을 향해서 다가갔습니다.

죄수들을 감시하는 초소에서 청년을 발견했습니다. 그들은 청년을 향하여 총을 겨누었습니다. 계속 걸으면 총에 맞든지, 아니면 전기 철책선에 걸리게 됩니다. 어느 쪽이든지 결국은 죽게 됩니다. 청년은 초점을 잃어버린 눈빛으로 죽음을 향해서 걸어갔습니다.

그때 한 노인이 그의 앞을 막았습니다. 그리고 막대기로 땅바닥에 무언가를 썼습니다. 땅바닥에 쓴 무언가를 보고 청년이 놀란 표정으로 노인을 쳐다봤습니다. 노인은 간절한 눈빛으로 다시 한번 땅바닥에 썼습니다. 그리고 청년의 손을 꼭 잡아주었습니다.

청년은 자기도 모르게 걸음을 멈추었습니다. 무언가에 홀린 사람처럼, 땅바닥에 새겨진 무언가를 쳐다봤습니다. 그러면서 멍하던 그의 눈빛이 다시 살아났습니다. 한동안 그 자리에 서 있던 그는 발걸음을 돌렸습니다. 청년을 겨냥하던 병사들도 총을 내렸습니다.

죽음을 향한 걸음을 멈추게 한 것, 수용소의 노인이 땅바닥에 막대기로 쓴 것은 무엇이었을까요? 글자가 아니라 표시였습니다. 가로로 선을 긋고 세로로 선을 그어서 교차시킨 표시, 바로 십자가였습니다. 청년은 훗날 이렇게 말했습니다. "죽음의 수용소, 그 비참한 땅바닥에 그려진 십자가를 보는 순간, 나는 인생과 역사의 의미가 십자가에 담겨있다는 진리를 순간적으로 깨달았다."

청년은 그때부터 예수님이 달리신 십자가에 대해서 생각하기 시작했습니다. 오랫동안 잊고 있었던 하나님에 대해서, 신앙에 대해서 고민하기 시작했습니다.

무신론 공산주의 국가 소련의 수용소에서 청년은 마침내 하나님이 살아계시다는 사실을 깨달았습니다. 간수들의 감시를 피하면서, 그는 이렇게 기록했습니다. "만유의 하나님, 비록 나는 당신을 부인했지만 당신은 나와 함께 하십니다!"

그가 수용소에서 쓴 글들이 기적적인 과정을 거쳐서 외부 세계에 알려졌습니다. 무신론자들의 수용소에서 살아계신 하나님을 외치는 소리에 세상의 신앙과 양심이 반응했습니다. 그에게 노벨문학상이 주어졌습니다. 공산주의의 참상을 알린 〈수용소 군도〉라는 걸작을 쓴 알렉산더 솔제니친(Aleksandr Solzhenitsyn)의 이야기입니다.

솔제니친과 소련의 지하 기독교인들과 세계의 양심이 연합해서 공산주의와 싸웠습니다. 마침내 공산주의 종주국인 소비에트 사회주의 연방공화국은 해체되어 사라졌습니다.

인간이 감히, 하나님이 없다고 말한다고 해서 하나님이 없어지지 않습니다. 영혼이 없다고 말한다고 영혼이 없어지지도 않습니다. 없어지는 것은 하나님도 없고 영혼도 없다고 말한 세력입니다. 공산주의는 세계를 휩쓸었지만 결국에는 없어졌습니다. 최근에 특히 한국 땅에서 무섭게 살아나고 있지만, 결국에는 또 다시 없어질 것입니다.

그러나 저절로 없어지지는 않습니다. 그리스도인들의 기도와 헌신과 행동을 통해서만 없어집니다. 공산주의를 무너뜨린 유일한 세력이 기독교입니다. 베를린 장벽을 무너뜨리고 소련을 붕괴시키고 동유럽을 민주화시킨 주역들이 한결같이 기독교였고 신앙인들이었습니다.

사랑하는 성도 여러분, 공산주의와의 대결은 2020년 한국 기독교인들의 가장 큰 사명입니다. 가장 중요한 기도의 제목이며 가장 위대한 싸움입니다. 피해서는 안 되는 싸움이고 피할 수도 없는 싸움입니다. 바라기는 공산주의를 물리치고 이 땅에 푸르고 푸른 그리스도의 계절이 오게 하는 한국 교회 성도들이 되시기를, 그리고 대한민국의 국민들이 되시기를, 주님의 이름으로 축원합니다.

▲ **춘천대첩기념평화공원 동상.**
치열했던 춘천 전투의 모습을 재현했다. 6 · 25전쟁 당
시 성도들의 애절한 기도와 군인들의 목숨을 건 항전, 그
부르짖음을 들으시고 하나님은 대한민국을 지켜주셨다.
(사진 출처: 춘천시 공식블로그)

한국 전쟁의 성서적 해석

여호와께서 이스라엘에게 진노하사
그들을 메소보다미아 왕 구산 리사다임의 손에 파셨으므로
이스라엘 자손이 구산 리사다임을 팔 년 동안 섬겼더니
이스라엘 자손이 여호와께 부르짖으매
여호와께서 이스라엘 자손을 위하여 한 구원자를 세워
그들을 구원하게 하시니 그는 곧 갈렙의 아우
그나스의 아들 옷니엘이라 (사사기 3.8-9)

오늘의 본문은 이스라엘 백성이 외적에게 고통당하는 내용입니다. 이스라엘을 괴롭힌 적군의 괴수가 사사기 3장 8절에 나와 있는 구산입니다. 그런데 성경은 그를 "구산 리사다임"이라고 소개합니다. "리사다임"은 "악하고 또 악한" 이라는 뜻입니다. 악이라는 단어가 두 번 겹쳐있어서 최고로 악하다는 의미를 표현합니다.

여러분, 침략을 받는다는 것은 언제나 괴로운 일입니다. 평범한 외적이 쳐들어와도 힘이 드는데, 악한 자가 공격해오면 정말 고통스럽습니다. 더군다나 악하고 또 악해서 최고로 악한 자가 핍박을 가하면, 그 고난이란 참으로 극심합니다.

한국 전쟁을 생각해보면, 저는 항상 '구산 리사다임'이란 이름이 떠

오릅니다. 1950년 6월 25일에 전격적으로 전쟁을 시작한 자들은 정말 악한 자들이었습니다. 1994년 러시아의 옐친(Boris Yeltsin) 대통령이 김영삼 대통령에게 극비 문서들을 전달해주었습니다. 그것은 한국 전쟁을 전후해서 북한과 소련이 주고받은 비밀 정보였습니다. 전화와 전보와 편지와 회담의 내용은 한결같습니다. 김일성이 계속해서 스탈린을 조릅니다. 한 달이면 남한을 다 점령해서 공산화시킬 수 있으니, 지원해달라는 것입니다.

처음에는 스탈린이 반대하다가 나중에는 김일성의 요청을 들어줍니다. 그 대신 중국과도 미리 의논하고 모택동에게도 도움을 청해놓으라고 제안합니다. 결국 김일성은 소련에게서 무기와 군사 기술을 공급받고 전쟁을 일으킨 다음에 중공군의 참전을 요청합니다. 김일성과 스탈린과 모택동이 한국에 쳐들어온 적군의 세 우두머리입니다.

"김일성"이라는 이름이 유명해진 대표적인 사건이 보천보 전투입니다. 1937년 6월 4일 김일성이 이끄는 부대가 압록강을 넘어 함경북도 갑산군 혜산진의 보천보라는 마을을 공격했습니다. 그들은 경찰 주재소, 면사무소, 우체국 등의 관공서를 공격하고 마을을 점령합니다. 그리고 "조선 민중에게 알린다", "조국 광복회 10대 강령" 등의 삐라를 살포합니다. 김일성과 부하들은 24시간 동안 보천보를 점령하고 있다가 일본군의 반격을 피해서 철수했습니다.

일제 시대에 일장기가 조선 팔도에 나부꼈습니다. 그런데 한 마을을 통째로 점령해서 일장기를 끌어 내리고 태극기를 휘날리게 만들었으니, 조선인들에겐 특급 뉴스였습니다. 그래서 조선일보와 동아일보가 보천보 전투를 전국적으로 보도합니다. 그때부터 "김일성"이라는 이름이 독립군의 영웅으로 유명해집니다.

그런데 보천보 전투의 김일성이 나중에 북한의 어버이 수령이 되는 김일성과 같은 인물인지는 분명하지 않습니다. 북한의 김일성은 본래 이름이 김성주입니다. 김성주가 보천보 전투의 영웅 김일성으로 신분을 위장했다는 주장도 있습니다.

김성주 혹은 김일성이 보천보 전투의 게릴라 대장으로 행세해서 나중에는 어버이 수령이 되기까지의 행적을 살펴보면 대단합니다. 권력을 장악하기 위해서 발휘한 능력을 검토해보면 정말 뛰어납니다. 수단과 방법을 가리지 않고 권력을 장악해서 그가 이루어놓은 일들은 악마적입니다. 김일성 한 사람 때문에 6백만 명이 죽었습니다. 전쟁으로 3백만 명이 죽고, 굶어서 3백만 명이 죽었습니다. 우리나라 오천 년 역사상 사람을 제일 많이 죽인 자가 김일성입니다.

북한 전역에 김일성의 별장이 있습니다. 별장이 하도 많아서 일 년 내내 한 번도 안 가는 곳도 있습니다. 그런 곳까지도 북한에서는 최고의 시설로 갖추어놓고 정성스럽게 관리합니다. 만약 김일성의 별장 관리에 들어가는 돈으로 식량을 샀다면, 북한 주민이 단 한 명도 굶어죽지 않았을 것입니다.

6·25 사변 1년 전에 김일성에게 항공기, 전차, 소총을 비롯한 현대적 중장비를 제공한 사람이 소련의 스탈린입니다. 그는 북한군을 훈련시킬 장교와 작전을 지휘할 참모도 파견했습니다. 어떻게 공격을 해야 한 달 만에 끝낼 수 있는지, 계획도 세워주고 아예 작전 지도까지 다 그려주었습니다.

스탈린의 능력도 천재적입니다. 치열한 권력 투쟁을 거쳐서 세계에서 제일 큰 나라를 차지했습니다. 악명 높은 히틀러와 싸워 이겼고, 동유럽의 18개 나라를 점령했습니다. 대제국을 이룬 능력자이지만,

그가 한 일도 역시 악마적입니다. 스탈린이 참으로 끔찍한 명언을 남 겼습니다. "한 사람의 죽음은 비극이지만 수백만의 죽음은 통계일 뿐 이다."

한 명을 죽이면 양심에 가책을 받아서 괴롭지만 수백만 명을 죽이 면, 하도 많이 죽여서, 나중에는 별 느낌이 없다는 것입니다. 그냥 통 계 숫자만 늘어난 것뿐입니다. 스탈린은 이 숫자를 늘리는 일에 재미 를 붙였습니다. 공산당 간부들에게 "네가 살고 있는 도시에서 무조건 삼천 명을 총살하라"라는 식의 황당한 명령을 내리기도 했습니다. 스 탈린에 의해서 학살된 사람이 4천만 명입니다. 서양에서 살인마 랭킹 1위입니다.

한국 전쟁에서 북한이 불리해졌을 때, 45만 대군을 파견한 인물이 모택동입니다. 모택동의 생애를 살펴보면 두 가지 감정이 교차합니 다. 하나는 강렬한 감동입니다. 정말 멋있는 장면들이 많습니다. 그중 에서 제일 스펙터클한 것이 대장정입니다. 대장정은 중국 공산당 8만 7천 명이 국민당 100만 대군의 공격을 받으면서 무려 1만 2천 킬로미 터를 도망친 사건입니다.

1만 2천 킬로미터면 백두산에서 한라산까지 거리의 열세 배입니다. 그 엄청난 거리를 걸어서 도망쳤습니다. 368일 동안 100만 대군의 집 중 공격을 받으면서 18개의 산맥을 넘고 24개의 강을 건넜으며 10번 포위망을 돌파하고 62개의 도시를 점령했습니다.

이것만 가지고도 대단한 업적입니다. 이렇게 대규모의 군대가 그토 록 험한 지형을 그처럼 멀리 행군하면서도 용기를 잃지 않고 저항했 던 사례가 없습니다. 그래서 전 세계의 사관학교에서 대장정을 연구 합니다. 대장정만으로도 대단한데, 모택동의 천재성은 그 다음에 본격적으로 발휘됩니다.

대장정이 시작될 때 8만 7천 명이었는데, 중간에 8만 천 명이 죽고 6천 명만 남았습니다. 간신히 살아남은 6천 명이 국민당이 더 이상 추격해 들어올 수 없는 오지 중의 오지까지 도망칩니다. 풀 한 포기 나지 않는 불모의 땅에서 지칠 대로 지친 병사 6천 명을 가지고도 모택동은 포기하지 않습니다. 6천 명을 훈련시켜서 장개석의 4백만 대군을 물리칩니다. 결국은 그 6천 명이 중국을 공산화시키고 5억 인구를 통치합니다. 공산당을 싫어하는 사람들도 대장정과 중국 공산화의 이야기를 읽으면 감동받고 전율을 느끼지 않을 수 없습니다.

그러나 모택동 역시 천재적이면서 악마적입니다. 공산당 이념을 너무 강조하다가 경제가 엉망이 되었습니다. 모택동 집권 기간 동안 3,800만 명이 굶어서 죽었습니다. 3,800만 명을 먹여 살리고도 남을 식량이 있었지만, 모택동은 핵을 개발하고 무기를 구입하느라고, 인민이 굶어 죽는 것을 방치합니다. 권력 투쟁으로 죽은 사람도 최소한 2백만 명이 넘습니다. 모택동이 일으킨 전쟁으로 죽은 사람까지 다 합치면, 대략 7,700만 명입니다. 동양에서 사람을 제일 많이 죽인 인물입니다.

김일성과 스탈린과 모택동은 비슷한 점이 많습니다. 세 사람 모두 국민을 굶어 죽게 만들면서, 핵무기를 개발했습니다. 인민 대중을 위한다고 말하면서 호화판에 난잡한 생활을 했습니다. 스탈린은 입만 열면 미 제국주의를 비난하면서 본인은 미국산 포르노에 중독되었습니다. 모택동은 어린 소녀들과의 원조 교제를 좋아했습니다. 김일성에게는 기쁨조가 있었습니다. 세 사람 모두 자신과 제일 가까운 친구, 어려서부터 함께 자란 가족 같은 사람, 죽을 고비를 함께 넘긴 둘도 없는 동지들을 눈 하나 깜짝하지 않고 죽였습니다.

여러분, 이 정도면 구산 리사다임이라고 할 만하지 않은가요? 서양
에서 사람을 제일 많이 죽인 스탈린, 동양에서 제일 많이 죽인 모택
동, 한국에서 제일 많이 죽인 김일성이 철저히 준비해서 아무런 대비
도 없었던 한국을 기습 공격했습니다. 이 세 명의 구산 리사다임이 죽
인 사람을 다 합치면 1억 2천만 명이 넘습니다.

6 · 25 전쟁 당시 남한 인구가 2천만 명도 안 되었습니다. 남한 전체
인구의 6배를 죽인 거물 악당들입니다. 스탈린과 모택동이 점령한 땅
을 다 합치면 남한 면적의 100배가 훨씬 넘습니다. 정확히 계산하기
는 어렵지만 어쩌면 200배쯤 될지도 모릅니다.

남한 인구의 6배를 죽이고 100배에서 200배를 점령한 악당들이 동
맹을 맺었습니다. 동양과 서양과 한국 최고의 살인마들이 합세해서
무방비 상태의 한국을 공격했습니다. 그런데도 우리나라가 공산화되
지 않은 것은, 정말 기적 중의 기적입니다.

사사기 3장 8절은 악하고 또 악한 침략자에 대해서 말합니다. 그 다
음 9절에 이 압제자를 어떻게 물리쳤는지 나옵니다. "이스라엘 자손
이 여호와께 부르짖으매 여호와께서 이스라엘 자손을 위하여 한 구원
자를 세워 그들을 구원하게 하시니 그는 곧 갈렙의 아우 그나스의 아
들 옷니엘이라"

이 구절에 구약의 역사철학을 보여주는 중요한 단어가 나옵니다. 부
르짖는다는 말입니다. 구약 성서의 역사관을 한마디로 말하면 "부르
짖음의 역사관"이라고 표현할 수 있습니다. 하나님의 백성들이 고통
속에서 부르짖습니다. 그 비통한 소리가 하늘에 사무치면, 하나님이
지도자를 보내셔서 백성을 구출하십니다.

역사관에는 여러 가지 이론이 있습니다. 영웅이 중요하다는 영웅 사관이 있고 민중이 역사의 주체라는 민중 사관도 있습니다. 그런데 성경은 독특하게 부르짖음, 혹은 울부짖음을 말합니다. 역사의 수레바퀴를 움직이는 힘이 부르짖음입니다. 울부짖음이 하늘에 들릴 때, 하나님이 이 땅에 내려오십니다.

출애굽기 2장 23절입니다. "여러 해 후에 애굽 왕은 죽었고 이스라엘 자손은 고된 노동으로 말미암아 탄식하며 부르짖으니 그 고된 노동으로 말미암아 부르짖는 소리가 하나님께 상달된지라"

부르짖는다는 단어가 두 번 반복됩니다. 이 부르짖음을 들으시고 하나님이 행동을 개시하십니다. 출애굽기 2장 마지막 부분이 부르짖음에 대한 내용이고 3장 첫 부분이 모세에 대한 내용입니다. 3장 7절입니다. "여호와께서 이르시되 내가 애굽에 있는 내 백성의 고통을 분명히 보고 그들이 그들의 감독자로 말미암아 부르짖음을 듣고 그 근심을 알고"

하나님이 이스라엘의 부르짖음을 들으셨습니다. 그 부르짖음에 응답하셔서 그들을 구출할 지도자를 보내셨습니다. 그 사람이 바로 출애굽의 영웅인 모세입니다.

사랑하는 성도 여러분, 역사가들은 영웅이 역사를 움직인다고 주장합니다. 그런데 성경은 그 영웅이 그냥 나오는 것이 아니라고 말합니다. 먼저 백성들의 울부짖음이 있어야 합니다. 그 다음에 부르짖음을 들으신 하나님이 영웅을 보내십니다.

사무엘상에 보면 한나 이야기가 나옵니다. 아이를 낳지 못해서 무시당하고 한이 맺힌 한나가 성전에서 기도합니다. 울면서 미친 듯이 기도하는 것을 보고 엘리 제사장이 술 취한 여자인 줄 알고 나무랍니다. 엘리에게 한나가 대답하는 장면, 사무엘상 1장 15-16절입니다. "한나가 대답하여 이르되 내 주여 그렇지 아니하니이다 나는 마음이 슬픈 여자라 포도주나 독주를 마신 것이 아니요 여호와 앞에 내 심정을 통한 것뿐이오니 당신의 여종을 악한 여자로 여기지 마옵소서 내가 지금까지 말한 것은 나의 원통함과 격분됨이 많기 때문이니이다 하는지라"

한나의 대답 속에 가슴 절절한 표현이 많습니다. 마음이 슬픈 여자여서, 원통함과 격분됨이 많아서, 하나님 앞에 심정을 통하여 부르짖었습니다. 그 부르짖음이 응답되어 아이를 못 낳던 여자가 아들을 낳습니다. 그 아이가 훗날 위기에 처한 민족을 구하는 사무엘입니다. 부르짖음으로 태어난 아들 사무엘이 역사의 새로운 지평을 열어갑니다.

정리해보겠습니다. 성경에서 역사의 수레바퀴를 움직이는 축은 부르짖음입니다. 출애굽기에서 백성들이 부르짖을 때, 하나님이 모세를 보내셔서 구출하셨습니다. 사사기에서 구산 리사다임에게 고통 받던 사람들이 울부짖었을 때, 하나님이 옷니엘을 보내셔서 구출하셨습니다. 사무엘상에서 한나가 슬픈 마음을 가눌 길이 없어서 기도했을 때, 사무엘이 태어나 새로운 역사가 펼쳐졌습니다.

사랑하는 성도 여러분, 극심한 고통 속에서 포기해버리면 그것으로 끝입니다. 그러나 그 속에서 부르짖으면 새로운 역사가 탄생합니다.

6 · 25 전쟁은 누가 봐도 지는 전쟁이었습니다. 대한민국은 누가 봐도 망할 수밖에 없는 나라였습니다. 그런데도 살아남았던 이유는 부르짖음에 있습니다. 부르짖음은 일차적으로 기도를 의미합니다. 제발 살려달라고 백성들이 기도했을 때, 하나님이 이 나라를 살려주셨습니

다. 부르짖음은 이차적으로 살기 위한 몸부림이라고 해석할 수도 있습니다. 그냥 앉아서 기도만 한 것이 아니라 어떻게든 살아남기 위해서 몸부림을 칠 때, 하나님이 불쌍히 여기셔서 도와주십니다.

한국 전쟁사의 페이지를 들추어보면, 살기 위한 몸부림들이 정말 간절합니다. 전쟁이 끝난 뒤에 김일성이 평생을 두고 후회한 전투가 춘천 전투입니다. 원래의 계획은 그쪽을 하루 만에 점령해버리는 것이었는데, 3일이 걸렸습니다. 춘천과 홍천에서 진격이 늦어지는 바람에 전쟁 전체를 망쳐버렸다고 김일성이 두고두고 아쉬워했습니다.

강원도 홍천을 지나가다 보면, 화양강이 있습니다. 지금 화양강 휴게소가 있는 자리가 바로 대한민국을 살린 격전지입니다. 그곳으로 북한군의 최신식 탱크 34대가 진격했습니다. 그 당시 탱크를 막을 수 있는 무기는 아무것도 없었습니다. 속수무책으로 당할 수밖에 없었을 때, 국군 6사단 2연대 연대장이 젊은 병사들을 불렀습니다. "내가 아는 바로는 육탄 공격이 아니면 적의 탱크를 막을 수 없다. 너희들이 희생해다오."

그날 어린 병사 열한 명이 육탄 공격대를 결성합니다. 탱크가 오면 산속에 숨어있던 병사들이 일제히 사격을 합니다. 그래서 탱크가 잠깐 멈추면 육탄 공격대가 탱크 위로 뛰어 올라갑니다. 탱크 안에 수류탄을 던져 넣고 뛰어내려서 탈출하는 위험한 작전입니다. 이 작전에 참가했던 용사들은 거의 다 전사했습니다. 하지만 그들이 10대의 탱크를 파괴했습니다. 좁은 산길에 탱크 10대가 부서지니, 길이 막혀버렸습니다. 공산군이 그 길을 복구하고 다시 진격하는 사이에 시간을 벌어서, 국군이 전열을 가다듬을 수 있었습니다.

육탄 공격대 가운데 당시 이병이었던 조달진씨가 생존했습니다. 그분의 인터뷰입니다. "그때는 아무 정신이 없었다. 아무것도 기억나지 않는다. 탱크에 어떻게 뛰어올랐는지도 모르고 어떻게 내려왔는지도 몰랐다. 정신을 차려보니, 사람의 고깃덩어리가 시커멓게 탄 채로 나뭇가지에 걸려있다. 전쟁이 이렇게 비참한가, 나도 죽으면 저렇게 가루가 되는구나, 하는 심정이었다."

한국 전쟁에 대해서 제대로 연구를 해보면 누구나 애국자가 됩니다. 어느 나라 전쟁이든지, 전세가 불리하면 항복합니다. 사단이나 연대 단위의 큰 부대가 항복하기도 합니다. 대대나 소대처럼 작은 부대가 항복하는 예는 부지기수입니다. 실제로 인천상륙작전 이후로 북한군은 부대 단위로 수없이 항복했습니다. 그런데 3년이 넘는 기간 동안 국군은 단 한 부대도 항복하지 않았습니다.

3일 만에 서울이 함락되고 낙동강까지 밀려갔던 위태로운 순간에도 끝까지 싸웠습니다. 무기가 없으면 육탄 공격을 하면서도 저항했습니다. 비록 전멸당하고 쫓겨 가면서도 유엔군이 도착해서 반격할 수 있도록 시간을 벌었습니다. 한국에 있던 미국 대사 무초가 아무것도 없는 한국군이 이 정도로 버틴 것은 정말 용감한 일이라고 격찬을 했을 정도입니다.

사랑하는 성도 여러분, 이런 것들이 바로 부르짖음입니다. 살아남기 위한 처절한 투쟁이 바로 부르짖음입니다. 아무리 힘들고 어려워도 포기하지 않는 정신입니다. 어떻게든 살아보려고 울부짖고 몸부림칠 때, 하나님이 도와주십니다.

꼭 전쟁이 일어나야만 전쟁이 아닙니다. 우리 인생에도 전쟁처럼 치러야 하는 일들이 많습니다. 돈 버는 일, 행복한 가정을 유지하는 일, 자녀들을 믿음으로 길러내는 일, 건강한 교회를 세우는 일, 튼튼한 나라를 만드는 일, 어느 것 하나 쉽지 않습니다. 꿈을 가지고 목표를 향해서 도전해도 참 어려울 때가 많습니다.

그래도 포기하지 말아야 합니다. 힘들고 어려울 때마다 부르짖음으로 돌파해나가야 합니다. 개인이든 가정이든 교회이든 나라이든, 크고 작은 역사를 움직이는 힘은 하나님을 향한 부르짖음입니다. 세상에는 우리가 부르짖어서 해야 할 일도 많고 우리의 울부짖음으로 살려내야 할 사람들도 많습니다. 바라기는 오늘도 여러분의 부르짖음이 하늘에 상달 되어, 우리의 가정과 교회와 대한민국에 하나님의 기적적인 구원의 역사가 펼쳐지기를 주님의 이름으로 축원합니다.

▲ 6 · 25전쟁 때 한국을 지킨 중요 인물들.

상단 왼쪽부터 이승만, 트루먼(Harry S. Truman), 맥아더(Douglas MacArthur), 하단 왼쪽부터 백선엽, 리지웨이(Matthew Bunker Ridgway), 밴플리트(James Alward Van Fleet)이다.

위대한 업적을 남긴 인물들이지만 약점과 허물도 많았다. 역사의 주인이신 하나님은 불완전하고 연약한 인간을 사용하셔서 당신의 뜻을 이루신다.

한국 전쟁의 성서적 해석

에훗 후에는 아낫의 아들 삼갈이 있어
소 모는 막대기로 블레셋 사람 육백 명을 죽였고
그도 이스라엘을 구원하였더라 (사사기 3.31)

지난 설교에서는 한국을 침범했던 세 사람, 스탈린과 모택동과 김일성의 이야기로 설교를 시작했습니다. 이번 주에는 한국을 도와준 트루먼의 이야기를 먼저 나누겠습니다. 트루먼은 20세기의 미국 대통령 가운데 유일하게 대학을 나오지 않은 사람입니다. 미국 50개 주 가운데서도 가난한 편에 속하는 미주리주에서도 가난한 농가 출신입니다.

트루먼은 우리식으로 표현하면 깡시골 출신의 촌놈으로 가방끈이 짧았습니다. 육군사관학교를 가고 싶어 했는데, 이런저런 이유로 꿈을 이루지 못했습니다. 학벌도 없고 배경도 대단치 않아서, 젊었을 때 가졌던 직업도 신통치 않습니다. 기차역에서 차표 검사하는 검표

원도 하고, 조그마한 상점도 운영했습니다. 그러다가 가게가 망해서 부도를 낸 적도 있습니다. 이런 평범한 서민이 강대국의 대통령이 되었다는 사실 자체가 참 신기한 일입니다.

트루먼은 지극히 평범했지만, 뛰어난 장점이 몇 가지 있었습니다. 그 중에 하나가 용기입니다. 강한 자가 약한 자를 괴롭힐 때, 약한 자의 편을 드는 성향이 어릴 적부터 있었습니다. 1차 세계 대전이 일어났을 때는 자원해서 입대했습니다. 사실 그는 눈이 나빠서 장교가 될 수 없었습니다. 그래도 군대에 가고 싶어서 시력 검사판을 통째로 외웠습니다. 결국 눈이 좋은 것처럼 위장해서 군대에 갔습니다.

우리나라의 정치인들을 보면 군대에 안 갔다 온 사람이 많습니다. 돈을 쓰고 빽을 써서 군대에 안 가려고 합니다. 그런데 반대로 트루먼은 시력 검사판을 외워서라도 군대에 가려고 했습니다. 이런 인물이 지도자가 되는 나라가 강대국입니다. 트루먼은 나쁜 시력을 속이고 포병 장교가 되어서 열심히 싸웠습니다. 용감하고 서민적이면서, 아주 가끔은 거짓말도 했습니다.

대통령이 된 다음에도 트루먼을 보면 좀 불쌍하다는 마음이 듭니다. 한국 전쟁이 났을 때, 트루먼 밑에 있던 장군이 맥아더입니다. 트루먼은 육군사관학교에 가고 싶어도 못 갔는데, 맥아더는 육사를 수석 졸업한 천재입니다. 이 천재 장군이 낙방생 대통령에게 어찌나 교만하게 구는지, 트루먼이 고생을 엄청 했습니다.

대통령이 만나자는데 맥아더가 작업복을 입고 낡은 모자를 쓰고 나갑니다. 대통령이 정중하게 식사하자고 요청했는데, 맥아더가 바쁘다고 거절합니다. 나중에는 대통령에게 보고도 안 하고 제멋대로 행동합니다. 그걸 다 참아가면서 어떻게 하든지 전쟁을 이기게 하려고 트루먼이 애를 씁니다. 참고 참다가 열 받아서 결국 트루먼이 맥아더를 해임합니다.

트루먼은 두 번에 걸쳐서 한국을 구출합니다. 첫째는 한국 전쟁에 참전한 것입니다. 미국 시각으로 1950년 6월 24일 토요일 밤 9시에, 잠자리에 들려던 트루먼이 북한군이 쳐들어왔다는 소식을 듣습니다. 여러분, 이런 소식을 들었을 때 정치인이라면 무슨 생각을 제일 먼저 할까요? "내가 여기서 어떤 조치를 취해야 표를 많이 받을 수 있을까, 성명서를 어떤 문장으로 발표해야 근사해 보일까..." 이런 식으로 정치적인 계산이 돌아가야 합니다. 또는 "이 전쟁이 미국의 이익에 어떤 영향을 끼칠까?" 정치인이라면, 나와 내 나라에 끼치는 영향을 자동으로 계산해야 합니다. 그런데 트루먼은 전쟁 발발 소식을 듣고 이게 무슨 소린가, 한 10초 멍하니 있다가 바로 말했습니다. "그 개자식들을 반드시 막아야 해!" 좀 못 배운 양반이라 말이 거칠었습니다.

단 10초 만에 참전을 결정하고 유엔군을 보냈습니다. 정말 정치인답지 않은 모습입니다. 오히려 계산할 줄 모르는 농부 같은 모습입니다. 나쁜 놈들이 쳐들어왔으니, 물리쳐야 한다는 단순 논리입니다. 이 트루먼의 결단에 대해서 미국 역사상 최고의 국무장관으로 꼽히는 애치슨이 이렇게 평가했습니다. "대통령이란 직책은 결단을 내려서 결정하는 자리이다. 트루먼 대통령은 결정해야 할 때 결정했다." 이 용기 있는 결정이 한국을 살렸습니다.

두 번째는 한국을 포기하라는 요구를 거절한 것입니다. 우리 현대사를 연구해보면, 영국이라는 나라에 대해서 기분이 나쁠 때가 있습니다. 영국은 한국을 패키지로 생각하는 경향이 있습니다. 툭하면 한국 전체를 아무한테나 넘겨주려고 합니다. 어차피 한국이란 나라는 자원도 없고 실력도 없고 앞으로 발전한 가능성도 없으니, 아무나 가질 테면 가져라, 이런 식입니다. 1900년대에는 영국이 한국을 일본에게 넘겨줍니다. 1950년대에는 김일성과 소련에게 넘겨주려고 합니다.

1950년 말에 중공군이 참전하면서 전세가 불리해졌습니다. 압록강까지 진격했던 연합군이 후퇴합니다. 그때 영국의 애틀리 수상이 트루먼 대통령을 갑자기 찾아갑니다. 그 자리에서 한국에 배치된 병력을 유럽으로 철수시키자는 제안을 합니다. 공산당은 정말 나쁜 놈들이기 때문에 유럽은 공산당으로부터 지켜야 하지만, 한국은 나쁜 놈들 손에 들어가든 말든 신경 안 쓴다는, 아주 영국적인 사고방식입니다.

영국 수상의 제안에 미국의 중요한 인물들이 찬성합니다. 대표적인 사람으로 영국 대사를 지낸 조셉 케네디가 공개적으로 한국 포기론을 주장합니다. 조셉 케네디는 최고의 명문가로 인정받는 케네디 가문을 일으킨 사람입니다. 그의 아들이 나중에 대통령이 되는 존 F. 케네디입니다.

이런 명문가 출신에 정치 감각이 뛰어난 자들이 한국을 포기하자고 주장합니다. 그런데 깡시골 출신으로 의리를 중요시하는 트루먼이 단호하게 반대합니다. "우리는 한국에 머물 것이고 싸울 것이다. 다른 나라들이 도와주면 좋다. 도와주지 않아도 우리는 어떻든 싸울 것이다. 우리가 한국을 버린다면 한국인들은 모두 살해될 것이다. 그들은 우리 편에서 용감하게 싸웠다. 우리는 상황이 불리하게 돌아간다고 해서 친구를 버리지 않는다."

저는 미국이라는 나라가, 상황이 불리하다고 친구를 버리지 않는, 의리 있는 나라라는 주장에는 솔직히 100% 찬성하지는 않습니다. 하지만 트루먼은 의리 있게 말했고 의리 있게 행동했습니다. 그는 한국을 포기한 것이 아니라 거꾸로 국가 비상사태를 선포합니다.

1차 세계대전이나 2차 대전 때도 미국이 나라 전체에 비상을 선포한 예가 없습니다. 그런데 유독 한국 전쟁 때 트루먼이 비상사태를 선포하고 물가와 임금을 통제합니다. 임금도 못 올리게 하고 물가도 잡아서 그 돈을 모두 한국에 쏟아붓습니다. 국방 예산을 네 배로 늘려서 중공군과 맞섭니다. 결국 엄청난 돈을 투입하고, 미국의 젊은이 5만여 명이 죽고 10만여 명이 다치는 희생을 지불하며 한국의 공산화를 막아냅니다.

트루먼은 당대에 그렇게 화려하지 못했습니다. 한국을 위해서 미국의 돈과 생명을 퍼부은 것이 과연 잘한 것인가에 대해서도 비판이 많았습니다. 그러나 시간이 지날수록 트루먼에 대한 평가는 점점 높아졌습니다. 미국뿐만 아니라 전 세계가 한국은 별 볼일도 없고 가능성도 없는 줄 알았습니다. 그런데 천대받고 멸시받았던 나라가 계속해서 성장했습니다. 그러자 그 한국을 혼자만의 결단으로 도와준 트루먼에 대한 평가도 따라서 높아졌습니다.

공산주의가 세상을 다 뒤덮을 줄 알았습니다. 그런데 베를린 장벽이 무너지고 동유럽은 민주화되고 소비에트 사회주의 연방은 아예 해체되었습니다. 그러자, 이게 누구의 공로인가를 연구하던 전문가들이 트루먼을 재발견하게 되었습니다. 공산주의자들과 용감하게 싸운 트루먼을 재평가하게 되었습니다. 그래서 트루먼은 시간이 지날수록 더 존경받고 높이 평가받는 인물이 되었습니다.

그는 강대국의 리더치고는 참 약점이 많은 사람입니다. 학벌도 부족하고 깡시골 출신에 배경도 좋지 않았습니다. 똑똑하고 카리스마적인 사람들에게 무시도 많이 당했던 불쌍한 캐릭터였습니다. 그의 우직함과 순박함은 어제의 적이 오늘의 동지가 되는 정치 세계에서는 어울리지 않았습니다.

하지만 정치적이지 못한 트루먼의 성품이 오히려 한국을 구출하는 요인이 되었습니다. 트루먼은 독실한 기독교인이었습니다. 강한 자가 약한 자를 괴롭힐 때 약한 자를 도와주어야 한다는 기독교적인 상식을 어릴 적부터 지켜왔습니다. 그의 신앙과 용기가 마침내 대한민국을 구출했습니다.

시간 관계상 트루먼 한 사람의 예만 들었습니다. 6 · 25사변 때 한국을 지킨 중요한 인물들이 있습니다. 이승만, 맥아더, 백선엽, 밴 플리트(James Alward Van Fleet), 리지웨이(Matthew Bunker Ridgway) 같은 사람들입니다. 그들의 공통점은 한결같이 약점이 있었다는 점입니다. 상황 판단도 잘못하고 황당한 실수를 저지르기도 했습니다. 우리와 별로 다를 것 없는 평범한 모습도 발견할 수 있습니다. 그런 사람들이 나라를 지키고 수많은 사람들의 생명을 구한 사례를 읽어보면, 하나님께서 어떻게 일하시는지를 발견할 수 있습니다.

사랑하는 성도 여러분, 역사의 주인이신 하나님은 허물도 있고 실수도 저지르는 사람들을 사용하셔서 하나님의 뜻을 이루십니다. 이 진리를 분명하게 드러내는 성경이 사사기입니다. 구약 시대에 외적이 침입했을 때, 사사들이 일어났습니다. 사사들은 먼저 침략하거나 공격한 것이 아니고, 적군이 쳐들어와서 백성들을 괴롭힐 때 일어서서 싸웠던 사람들입니다.

트루먼이 평범한 서민 출신이었던 것처럼, 성경의 사사들도 지극히 평범한 인물들입니다. 농사짓는 사람, 소를 키우는 사람, 가정주부, 종교 단체에서 일하던 사람들이 용기를 내어서 나라를 지키기 위해 일어섰을 때, 사사로 쓰임 받았습니다. 그들은 한결같이 약점이 있는 사람들이었습니다.

사사기 3장 15절 상반절입니다. "이스라엘 자손이 여호와께 부르짖으매 여호와께서 그들을 위하여 한 구원자를 세우셨으니 그는 곧 베냐민 사람 게라의 아들 왼손잡이 에훗이라"

지난 설교에서 성경의 역사관은 부르짖음의 역사관이라고 했습니다. 하나님의 백성들이 울부짖을 때, 하나님이 구원자를 보내주십니다. 모압의 탄압을 받아서 고통스러워 부르짖을 때, 하나님이 보내주신 해방자가 에훗입니다. 에훗은 베냐민 지파의 왼손잡이라고 소개되어 있습니다. 베냐민이란 씨족의 이름은 "오른손의 아들"이라는 뜻입니다. 실제로 베냐민 지파는 오른손으로 칼도 잘 던지고 돌도 잘 던지는 용맹한 씨족이었습니다.

그런데 베냐민 지파의 에훗은 왼손잡이였습니다. 여기에 쓰인 왼손잡이라는 말에는 "오른손에 장애가 있었다. 혹은 오른손이 마비되었다"는 뜻이 담겨있습니다. 오른손으로 유명한 씨족에서 오른손을 쓸 수 없는 장애인이 태어났습니다. 어린 시절부터 얼마나 놀림을 받고 구박을 받았겠습니까. "우리 부족은 모두 오른손으로 싸우는 전사인데, 네 오른손은 기형이니, 어디 가서 베냐민 지파라고 하고 다니지 말아라" 그런 소리를 들으며 살았을 것입니다. 하지만 사람들이 놀리는 장애가 하나님이 쓰시는 방법이 됩니다.

3장 15절 하반절과 16절입니다. "이스라엘 자손이 그를 통하여 모압 왕 에글론에게 공물을 바칠 때에 에훗이 길이가 한 규빗 되는 좌우에 날선 칼을 만들어 그의 오른쪽 허벅지 옷 속에 차고"

오른손을 쓰는 사람은 대개 왼쪽에 칼을 찹니다. 왼쪽에 칼을 차고 오른손으로 빼어서 적을 공격합니다. 그래서 몸수색을 할 때도 왼쪽을 주로 살핍니다. 에훗이 왕 앞에 가는데 왼쪽을 검사해보니, 아무 무기가 없습니다. 거기다가 오른손이 마비된 장애인이니 문제가 없다고 해서 통과시켰습니다. 그랬는데 알고 보니 에훗이 오른쪽 허벅지 옷 속에 칼을 숨겼습니다. 사사기 3장 21절을 보겠습니다. "에훗이 왼손을 뻗쳐 그의 오른쪽 허벅지 위에서 칼을 빼어 왕의 몸을 찌르매"

성경은 에훗 이야기를 하면서 그가 왼손잡이인 것과, 오른쪽 허벅지에 칼을 숨겼다는 이야기를 유난히 강조합니다. 비록 약점이 있고 장애가 있고 그것 때문에 고생도 많이 했지만, 그런 사람을 하나님이 쓰신다는 진리를 강조하는 대목입니다.

사사기 4장과 5장에는 드보라가 나옵니다. 평범한 가정주부였던 그녀가 가나안 왕 야빈에게서 민족을 구출합니다. 사사기 6장에서 8장까지는 기드온이 나옵니다. 하나님이 그를 부르셨을 때 기드온이 대답합니다. 사사기 6장 15절입니다. "기드온이 그에게 대답하되 오주여 내가 무엇으로 이스라엘을 구원하리이까 보소서 나의 집은 므낫세 중에 극히 약하고 나는 내 아버지 집에서 가장 작은 자니이다"

이스라엘 열두 지파 가운데 므낫세는 별로 대단치 못했습니다. 므낫세 가운데 기드온의 집안은 별 볼일 없었습니다. 집안의 여러 아들들 가운데서도 기드온은 주목받지 못했습니다. 하나님이 그런 기드온을 쓰셔서 야만족인 미디안을 물리치셨습니다. 사사기 전체가 이런 이야기로 가득 차 있습니다.

입다는 기생의 아들에다가 깡패 짓을 하면서 살았습니다. 삼손은 힘이 장사지만, 이성 문제에 실수가 있었습니다. 이런 식으로 문제가 있고 허물도 있는 사람들을 하나님이 사용하셔서 하나님의 뜻을 이루어가셨습니다.

어느 날 성경을 읽다가 저는 사사기 3장 31절에 매료되었습니다. 저에게는 이 한 구절이 사사기 전체를 요약하는 말씀으로 느껴졌습니다. "에훗 후에는 아낫의 아들 삼갈이 있어 소 모는 막대기로 블레셋 사람 육백 명을 죽였고 그도 이스라엘을 구원하였더라"

사랑하는 성도 여러분, 성경이 얼마나 초라한가요? 삼국지를 읽어 보세요. 관우는 1미터나 되는 수염을 바람에 날리면서 청룡언월도를 휘두릅니다. 장비는 장팔사모를 한 손으로 팔랑개비 돌리듯이 돌립니다. 조자룡은 쌍검을 꼬나들고 진격합니다. 삼국지의 표현이 얼마나 근사한가요? "장비는 적장의 목을 베기를 마치 자기 수중에서 물건을 꺼내는 것 같았다" "관우가 적토마를 타고 달리며 청룡언월도가 번쩍하니 적의 수급(首級)이 낙엽처럼 굴렀다" 전쟁 이야기를 쓰려면 이 정도 되어야 합니다. 그래야 멋있어 보이고 읽는 재미도 있습니다. 그런데 성경에는 아무런 멋이 없습니다. "삼갈은 소를 모는 막대기로 블레셋 사람을 쳐 죽였다"

소가 딴 곳으로 가면 뒤에서 엉덩이를 때리는 막대기이니, 지저분하고 더럽습니다. 청룡언월도와 장팔사모와 쌍검에 비해서 소를 모는 막대기는 얼마나 초라한가요. 무언가 큰일을 하려면 장팔사모 정도는 휘둘러야지, 평생 소몰이 막대기 하나 들고 살아가서야 무슨 역사가 일어나겠습니까. 그런데 소 모는 사람의 소 모는 막대기를 통해서 하나님이 믿음의 백성들을 지키셨다고 성경은 말합니다. 여기에 성경의 위대함이 있습니다. 세상 나라에서는 청룡언월도나 장팔사모나 쌍검 정도 휘둘러야 쓰임 받습니다. 하지만 하나님의 나라에서는 소 모는 막대기 하나만 가져도 쓰임 받습니다.

사랑하는 성도 여러분, 하나님은 누구나 사용하십니다. 하나님께 쓰임 받기 위해 특별한 기준이나 조건이 필요한 것이 아닙니다. 소 모는 막대기처럼 밋밋하고 내세울 것 없고 특색이 없는 인생도 하나님의 손에 붙들리면 위대한 능력을 발휘합니다.

동시에 하나님은 아무나 사용하시지는 않습니다. 사사기의 사사들은 대단치 않은 배경을 가졌지만, 그들에게는 분명한 공통점이 있었습니다. 하나님의 나라를 위하여, 그들은 용감하게 일어섰습니다. 하나님의 백성들을 위하여, 목숨을 걸고 싸움터로 나갔습니다.

인생을 살면서 참 매력적인 순간이 많습니다. 사랑하고 사랑받는 떨리는 순간이 있습니다. 성취하고 능력을 발휘하는 자랑스러운 순간도 있습니다. 명성을 떨치고 인정받고 원하는 것을 손에 넣는 만족스런 순간도 있습니다. 그러나 사람으로 태어나서 제일 감격적인 순간은 내가 하나님께 쓰임 받고 있다는 사실을 깨달을 때입니다. '이 넓은 세상을 지으신 하나님이 나처럼 작은 자와 함께 하시는구나, 하나님이 지금 나를 통해서 무언가를 이루시는 구나' 체험할 때 전율과도 같은 감동이 있습니다.

대한민국을 위해서 부르짖으시기 바랍니다. 여러분의 부르짖음이 하늘에 상달될 때, 하나님이 새로운 이 땅에 새로운 역사를 펼치십니다. 대한민국을 위하여 행동하시기 바랍니다. 아주 작은 일이라도, 나라에 보탬이 되고 세상에 도움이 되는 일을 찾아서 하시기 바랍니다. 여러분의 행동을 보시고 하나님이 이 나라를 축복하십니다.

기도하고 행동할 때, 하나님께 쓰임 받는 최고의 경험을 할 수 있습니다. 바라기는 대한민국을 사랑하는 모든 이들에게, 평범한 사람들이 비범하게 쓰임 받는 사사기의 은혜가 임하기를, 주님의 이름으로 축원합니다.

▲ 워싱턴 D.C. 한국전쟁기념공원 조형물.
한국전쟁기념공원에는 유명한 두 가지 문구가 새겨져 있다.

"자유는 공짜가 아니다."(Freedom is not free)
"조국은 전혀 알지도 못하는 나라와 한 번도 만나 본적 없는 사람들을 지키라는 부름에 응한 아들과 딸들에게 경의를 표한다."(Our Nation honors her Sons and Daughters who answered the call to defend a Country they never knew and a people they never met)

한국 전쟁의 성서적 해석

야빈 왕은 철 병거 구백 대가 있어
이십 년 동안 이스라엘 자손을 심히 학대했으므로
이스라엘 자손이 여호와께 부르짖었더라 (사사기 4.3)

1950년 7월 13일 월턴 해리스 워커(Walton Harris Walker) 유엔 지상군 사령관이 작전 명령 1호를 발령했습니다. 'Stand or Die!' '막아내느냐 아니면 죽느냐!' 당시의 상황과 한국의 운명을 그대로 표현한 명령입니다. 파죽지세로 공격해오는 인민군을 막아내지 못하면 죽는 길밖에 없었습니다.

워커의 별명이 불독입니다. 워낙 용감하고 사납기로 유명한 장군이었습니다. 전쟁이 나면 늘 선두에 서서 싸웠습니다. 최고 사령관이 직접 정찰기를 타고 적의 포격을 받으면서 적진으로 날아가서 정찰을 했습니다. 병사들의 사기가 떨어지면 소리쳤습니다. "낙동강에서 후퇴하면 너희들의 장례는 내가 직접 치러주겠다."

이 용맹한 장군이 한국을 구하는 데 결정적인 공헌을 합니다. 인민군의 파상 공세를 무려 45일 동안이나 막아냈습니다. 그 사이에 16개국의 유엔군이 도착하고 인천 상륙 작전이 성공합니다. 결국 전세가 역전되어서 유엔군이 밀고 올라갑니다. 그러다가 또 한 번 전황이 뒤집어집니다. 중공군이 참전하면서 유엔군이 다시 밀려 내려옵니다.

유엔군이 계속 패전하는 중, 한 부대에서 승전보가 들려왔습니다. 지휘관 한 사람이 탁월한 리더십을 발휘해서 중공군을 물리친 것입니다. 미국 정부가 그 뛰어난 지휘관에게 훈장을 수여 했습니다. 이런 대단한 인재가 누구인가, 보았더니 샘 워커(Sam Sims Walker) 대위, 워커 사령관의 아들입니다. 워커 장군이 삼십 대 후반에 늦둥이로 외아들을 낳았습니다. 그 귀한 아들을 제일 위험한 최일선에 보냈는데, 거기에서 빛나는 공적을 세웠습니다. 장군이 얼마나 기분이 좋았겠습니까. 그렇지 않아도 워낙 앞장서는 스타일이라 최전방에 가려고 했는데, 아들까지 훈장을 받으니, 장군이 직접 전달하기로 결심합니다.

1950년 12월 23일, 워커 장군이 지프차를 탑니다. 평소 스타일대로, 장군이라고 무슨 특별한 호위도 받지 않고, 운전병과 단 둘이서 전방으로 갑니다. 서울을 지나 의정부 남방 5km 지점, 비좁은 고갯길에서 워커 장군의 지프차가 한국군의 트럭 대열을 만납니다. 그때 후퇴하는 한국군 트럭이 전진하는 미군 사령관 지프차를 들이 받아 버립니다. 결국 워커 장군은 낭떠러지에 떨어져서 사망했습니다.

참 얄궂게도 워커 장군이 돌아가신 바로 그 도로에서, 57년 후에 여중생 둘이 미군 장갑차에 치여서 죽습니다. 같은 도로에 멀지 않은 지점입니다. 역사라는 것이 때로는 우연 같기도 하고 운명 같기도 하고 신비한 느낌을 주기도 합니다.

한국에서 아버지를 잃은 샘 워커는 훗날 미군 대장이 됩니다. 그래서 미국 역사상 최초로 아버지와 아들이 모두 별 네 개를 달고 대장에 오르는 기록을 세웁니다. 아버지 워커 장군 30주기에 아들 워커가 한국의 텔레비전 방송과 인터뷰를 했습니다.

"아버지는 그날 중공군의 인해 전술에 밀려 고전하고 있는 우리 미 24사단을 독려하고 영국군 27여단에 대한 부대 표창을 이승만 대통령을 대신하여 수여하는 한편, 후퇴 작전 중 큰 전공을 인정받아 미국 정부가 저에게 수여하는 은성 무공 훈장을 직접 아들의 가슴에 달아 주시고자 지프차로 달려오는 중이었습니다. 그러나 의정부 근처에서 후퇴 중인 한국군 트럭에 부딪혀 현장에서 돌아가시고 말았습니다.

계속되는 추위와 끝없이 밀려오는 중공군의 대공세에 밀려 모든 전선이 계속 패주할 수밖에 없는 상황 속에서 모처럼 아군이 큰 승리를 했고 그 승리의 주인공이 아들이라니 얼마나 기쁘셨겠습니까? 크리스마스 이틀 전인 1950년 12월 23일이었습니다. 나중에 알았지만 그 며칠 전 맥아더 사령관은 미국 정부에 아버님의 대장 진급을 상신해 놓았더군요. 이렇게 해서 부자간의 영원한 이별이 시작되었습니다.

이틀 뒤 저는 도쿄의 UN군 사령관 맥아더 원수에게 불려갔습니다. 사령관이 제게 말씀하셨습니다. '워커 대위! 아버님의 전사를 진심으로 애도한다. 월튼 워커 대장은 정말 훌륭한 군인이었다. 그의 죽음은 우리 미군은 물론 미국의 커다란 손실이다. 귀관에게 워커 대장의 유해를 알링턴 국립묘지에 안장하

는 임무를 맡긴다.'

그때 저는 매우 격렬하게 반대했습니다. '각하, 저는 일선 전투 중대장입니다. 그리고 지금 저희 부대는 후퇴 중입니다. 후퇴 작전이 얼마나 어렵고 위험한지는 각하께서도 잘 아실 것입니다. 지금 이 순간에도 제 부하들은 목숨을 건 위험에 노출되어 악전고투를 하고 있습니다. 지금 중대장이 바뀌면 안 됩니다. 아버님의 유해 운구는 의전 부대에 맡기십시오. 저는 전선으로 돌아가겠습니다.'

그때 문을 향해 걸어 나가던 맥아더 원수가 돌아서더니 조용히 말했습니다. '이건 명령이야.' 그리고는 방을 나가버렸습니다.

군인이 명령을 어길 수는 없었습니다. 그래서 저는 아버님의 유해를 가슴에 안고 국립묘지까지 와서 안장했습니다. 예상했던 대로 저는 이미 워싱턴의 육군 본부로 발령이 나 있었습니다. 저는 지금, 그때 맥아더 장군이 왜 그런 명령을 내렸는지 이해합니다. 사랑하는 부하와 그의 아들을 한 전선에서 한꺼번에 죽여서는 안 된다는 판단이었습니다.

그러나 저는 결코 그 결정에 찬성하지 않습니다. 명령이라 어쩔 수 없이 따를 수밖에 없었지만, 군인이 부하들을 치열한 전투가 계속되는 위험한 전장에 남겨놓고 떠나왔다는 생각이 지금도 가슴을 무겁게 합니다."

역시 그 아버지에 그 아들입니다. 사랑하는 성도 여러분, 이렇게 멋있고 고마운 사람들은 우리가 기억해야 합니다. 그래서 대한민국 정부가 서울 광진구 광장동의 언덕에 '워커힐'이라고 이름을 붙였습니다. 그곳에 국립 호텔을 세우고 '워커힐 호텔'이라고 불렀습니다.

하지만 이 시점에서 한번 질문해보겠습니다. 호텔 하나 지어놓았다고 과연 워커 장군을 기억하는 것인가요? 워커 장군은 최일선에 가서 싸웠습니다. 자신만 싸운 것이 아니라 늦둥이로 낳은 외아들도 제일 위험한 지역에 보냈습니다. 한국 전쟁사를 연구해보면, 이런 장군이 한둘이 아닙니다. 미군 고위 장성의 아들 142명이 참전했고, 그중에 35명이 죽거나 다쳤습니다.

이 숫자의 의미를 따져봅시다. 한국 전쟁에 참여했던 미군은 총 150만 명입니다. 그중에서 사상자(死傷者)가 15만 명으로 10%입니다. 보통 집안의 자식들은 열 명 가운데 한 명이 죽거나 다쳤습니다. 그런데 장군의 아들들은 사상자 비율이 26%입니다. 미국에서는 장군의 아들이 죽을 확률이 졸병 아들보다 2.6배가 더 높았습니다. 고위 장성의 아들이 더 불쌍하고 위험한 나라입니다.

어느 좌파 역사학자가 이렇게 말했습니다. "한국의 고위 공직자 아들들이 전선에 나갔다는 이야기는 들어본 적이 없다." 이 주장은 틀린 것입니다. 그래도 대한민국이 수준이 있는 나라입니다. 한국에서 전쟁이 났는데 지도자의 자식들이 안 싸웠을까요? 아들이 싸우다가 전사한 사람이 있습니다. 몇 명인가 하면 한 명입니다. 신태영 장군의 아들 신박균 하사가 중학교 3학년의 나이로 1950년 8월에 육군 포병학교에 자진 입대합니다. 그리고 5개월 만에 1951년 1월 2일 가평지구 전투에서 전사합니다.

세상이 불공평해 보입니다. 우리보다 50배, 100배 크고 힘도 세고 일류 국가라서 국민들이 편안하게 살아가는 나라들이 있습니다. 청소년들이 공부 때문에 자살하거나 신혼부부가 일 때문에 서로 얼굴도 못 보는 일이 한국보다 훨씬 적습니다. 나라가 워낙 선진국이라 국민들이 한국보다 고생을 덜 합니다. 우리 형편과 비교해보면 열도 받고 억울하기도 합니다.

하지만 곰곰이 따져보면 세상은 공평합니다. 남의 나라에서 난 전쟁인데도 자기 아들을 제일 앞장세워서 싸우는 지도자들이 있는 국가와, 자기 나라 전쟁인데도 내 아들 제일 먼저 빼돌리는 지도자들이 다스리는 국가의 수준이 같을 수는 없습니다. 6·25사변에서 미군 장성 아들 사상자는 35명이고 한국 장성 아들 사상자는 1명입니다. 35대 1, 이것이 수준의 차이고 국력의 차이고 강대국과 약소국의 차이입니다.

6·25전쟁 당시 미국 군사 고문관이었던 짐 하우스먼의 회고록에 이런 뼈아픈 대목이 있습니다. "한국은 전쟁 후에 팔을 잃은 국회의원, 눈이 날아간 국방장관을 갖지 못했다. 행사장이나 연회장 같은 데서 한국전 부상자들을 만나 본 적도 없다."

앞장서서 싸우다가 팔을 잃은 국회의원이나 적의 총탄에 맞아서 눈이 날아간 국방장관은 없습니다. 하지만 손가락이 잘린 도지사는 있습니다. 민주화 투쟁한다고, 군대 안 가려고 스스로 손가락을 잘랐습니다. 그래놓고 사고로 다쳤다고 거짓말했던 사람이 도지사가 되었습니다. 분단국가에서 병역을 회피한 사람이 지도자가 되는 것이 말이 되는지, 생각해보아야 합니다.

한국 전쟁과 굉장히 유사한 전투가 사사기 4장과 5장에 나와 있습니다. 4장 3절 상반절입니다. "야빈 왕은 철 병거 구백 대가 있어 이십 년 동안 이스라엘 자손을 심히 학대했으므로"

인민군이 소련제 탱크로 밀고 내려왔습니다. 비슷하게 가나안 왕

야빈이 철 병거 기병대로 이스라엘을 제압합니다. 이쪽은 걸어가는데, 저쪽에서는 말이 날뛰면, 싸우기도 전에 병사들이 말에 짓밟힙니다. 일단 말발굽으로 밟아버리고 그 다음에 철로 만든 튼튼한 마차 위에서 칼과 창으로 내리치면, 밑에서 당해낼 재주가 없습니다. 이스라엘이 특급 전차 구백 대를 가진 가나안에게 무려 20년 동안 짓밟혔습니다.

이 문제를 어떻게 해결했을까요? 4장 3절의 앞부분과 뒷부분을 함께 읽어봅시다. "야빈 왕은 철 병거 구백 대가 있어 이십 년 동안 이스라엘 자손을 심히 학대했으므로 이스라엘 자손이 여호와께 부르짖었더라"

사사기의 핵심 주제가 여기에 또 나옵니다. 이스라엘 자손이 하나님께 울부짖어 기도했습니다. 그 기도가 응답되어서 하나님이 구원자를 보내십니다. 지난 설교에서 말씀드렸듯이 하나님은 비범한 사람만 쓰시는 것이 아닙니다. 평범한 사람도 얼마든지 쓰십니다. 무기에 비유하자면 삼국지에 나오는 청룡언월도나 장팔사모 같은 명품만이 아니라, 사사기에 나오는 소 모는 막대기도 하나님이 사용하셨습니다.

소 모는 막대기 같은 내용이 가나안과의 전쟁에서도 반복됩니다. 철 병거 구백 대를 가진 가나안군을 물리치기 위하여, 하나님이 처음 부르신 사람은 가정주부였던 드보라였습니다. 드보라를 통해서 바락에게 싸우라고 명령하십니다. 바락이 싸워서 이긴 뒤에 적장 시스라의 목을 벤 사람은 역시 평범한 주부였던 야엘입니다.

전쟁을 한다면 아무래도 남자가 필요합니다. 그런데 사사기 4장의 전쟁은 특이하게도 여자에서 시작되어서 여자로 끝났습니다. 하나님의 백성들이 부르짖을 때, 하나님이 응답하셔서 평범한 사람들을 비범하게 사용하시는 사례를 보여줍니다.

전쟁이 끝나고 드보라가 승전가를 부릅니다. 사사기 5장 4절입니다. "여호와여 주께서 세일에서부터 나오시고 에돔 들에서부터 진행하실 때에 땅이 진동하고 하늘이 물을 내리고 구름도 물을 내렸나이다"

사랑하는 성도 여러분, 이 구절이 부르짖음의 능력을 보여줍니다. 백성들이 용기를 내어서 맨주먹 붉은 피로 싸우겠다고 나섰습니다. 하지만 철 병거 구백 대를 당해낼 수가 없습니다. 애초에 안 되는 싸움이었습니다. 그런데도 포기하지 않고 도전했을 때, 하늘이 돕고 땅이 도왔습니다. 하늘에서 폭우가 쏟아지고 땅은 지진이 난 것처럼 흔들렸습니다.

그 바람에 무거운 철 병거들이 진흙탕에 빠져버렸습니다. 그걸 끌고 가다가 말들이 넘어지고 마차도 흔들리고 사람이 거기 깔리고 아주 난리가 났습니다. 평상시에는 특급 전차였던 철 병거들이 장대비가 쏟아지는 바람에 애물단지가 되어버렸습니다. 폭우와 지진으로 아수라장이 된 적군을 이스라엘은 손쉽게 물리칠 수 있었습니다. 살기 위해서 울부짖으며 덤벼들 때, 그 부르짖음을 들으시고 하나님이 하늘을 여셔서 비를 뿌리신 것입니다.

이 장면도 한국전쟁과 대단히 비슷합니다. 북한군의 탱크를 막을 수가 없었습니다. 탱크가 파죽지세로 대한민국을 휩쓸었습니다. 그런데 1950년 6월 말에 탱크의 진격이 멈추어졌습니다. 누가 막았을까요? 하늘이 막았습니다. 장대비가 쏟아져서 인민군 탱크의 진격이 늦어졌습니다. 한국교회가 순교의 피를 흘리며 기도할 때, 하나님이 응답의 빗줄기를 쏟으셔서 이 나라를 지키신 줄로 믿습니다.

전쟁이 나면 용감하게 싸우는 사람들이 있습니다. 반대로 싸우지 않는 비겁자들이 있습니다. 그들에 대한 말씀이 사사기 5장 16-17절입니다. "네가 양의 우리 가운데에 앉아서 목자의 피리 부는 소리를 들음은 어찌 됨이냐 르우벤 시냇가에서 큰 결심이 있었도다 길르앗은 요단 강 저쪽에 거주하며 단은 배에 머무름이 어찌 됨이냐 아셀은 해변에 앉으며 자기 항만에 거주하도다"

하나님은 계산이 정확하십니다. 싸워야 할 때 싸우지 않는 자들에게 심판을 내리십니다. 성경이 아주 신랄하게 묘사합니다. 백성들이 나가서 싸우는데 저 푸른 초원에서 한가하게 피리 소리나 듣고, 뱃놀이하면서 바람이나 쐬고, 바닷가에서 편히 쉬고 있었던 자들을 비난합니다.

계속해서 사사기 5장 23절입니다. "여호와의 사자의 말씀에 메로스를 저주하라 너희가 거듭거듭 그 주민들을 저주할 것은 그들이 와서 여호와를 돕지 아니하며 여호와를 도와 용사를 치지 아니함이니라 하시도다" 하나님은 전쟁하지 않는 자들과 전쟁하십니다. 그들을 향해서 한 구절에 세 번씩이나 저주를 선언하셨습니다. 지금도 마찬가지입니다. 나라가 망하든 말든, 공산화가 되든 말든, 그저 편안하게 교회 다니면서 복이나 받으려는 사람들이 있습니다. 현대판 메로스 주민들입니다. 그들은 사사기의 말씀을 무섭게 기억해야 합니다. 하나님이 거듭거듭 저주를 선포하셨습니다.

그 다음 5장 24절입니다. "겐 사람 헤벨의 아내 야엘은 다른 여인들보다 복을 받을 것이니 장막에 있는 여인들보다 더욱 복을 받을 것이로다" 야엘에게는 축복이 거듭 선포됩니다. 여자의 몸으로 적장을 죽이는 혁혁한 전과를 올린 공로를 하나님이 인정하시고 축복하셨습니다.

사랑하는 성도 여러분, 하나님의 전쟁은 도처에서 벌어집니다. 음란한 시대에 거룩하게 사는 것도 전쟁입니다. 내 앞가림하기 바쁜 시대에 하나님의 사람을 길러내는 것도 전쟁입니다. 이기적인 세대에서 사랑하고 섬기는 것도 전쟁입니다. 대한민국을 위하여 중보 기도하는 것도 전쟁입니다. 우리가 싸워야 하는 전쟁이요 피할 수 없는 전쟁입니다. 하나님의 전쟁을 피하려는 자들은 수치를 당하게 됩니다. 영적인 전쟁에 참여하는 자들에게는 하나님의 축복이 내려집니다.

영적인 전쟁에 참여한다는 뜻은 우리의 믿음이 전투적이고 현실적이 된다는 뜻입니다. 가난한 자를 돕는 예를 생각해봅시다. 생각으로 돕는 것과, 말로 돕는 것과, 현실로 돕는 것은 다릅니다. 실제로 돕는 것에도 돈을 주는 것과, 능력을 보태주는 것이 다릅니다. 돈을 주는 것도 내가 쓰고 남은 것을 주는 것과, 내가 조금 줄여서 주는 것과, 내가 못 쓰면서 주는 것은 다릅니다. 이런 다양한 경우는 실제로 다양하게 도와주어본 사람만이 알 수 있습니다.

도와주어서 기쁠 때도 있습니다. 동시에 도와주고 나서 괴로운 경우도 있습니다. 나도 어려운데, 도와준 것 때문에 더 어려워지면 '내가 뭐 하러 남 좋은 일이나 하고 있나' 하는 생각도 듭니다. 도와주고 나서 배신당하면 다시는 구제 같은 것 하고 싶지 않기도 합니다.

사랑하는 성도 여러분, 어려운 사람 도우라는 하나님의 말씀 한 구절도, 생각만 하고 말로만 하면 전쟁을 치를 일이 없습니다. 하지만 실제로 다양한 상황 속에서 실천해보면 그것이 전쟁이 됩니다. 내가 어려운 상황에서도 먼저 도우려고 하다 보면, 내 욕심을 직면하게 됩니다. 구제가 나 자신과의 싸움이 됩니다.

지금 내 코가 석 자인데, 주변에 도움을 기다리는 사람만 자꾸 보이면 하나님과의 싸움이 됩니다. "하나님, 어쩌자고 계속 어려운 사람만 보내십니까?" 하고 하나님께 원망도 생깁니다. 그런 내 마음과 싸우면서 믿음의 투쟁이 진행됩니다.

기도하라는 말씀도 마찬가지입니다. 15분 기도하는 것과 30분, 한 시간, 세 시간, 네 시간 기도하는 것은 다릅니다. 나를 위해서만 기도하는 것과 남을 위해서 기도하는 것이 또 다릅니다. 내 기도가 응답되었을 때의 느낌이 있습니다. 동시에 내가 기도함으로써 누군가가 행복해지고 문제가 해결되고 하나님의 나라가 전진하고 있다는 것을 체험할 때의 느낌도 있습니다.

실제로 기도하면서 다양한 응답을 경험하고 구체적으로 문제를 해결하다 보면, 기도야말로 전쟁인 것을 체험합니다. 우리는 현실적인 전투를 통해서 기도를 배워나갑니다.

하나님의 전쟁에 참여한 사람들은 놀랍게 쓰임 받았습니다. 소 모는 막대기 같은 인생이 하나님 나라의 명장이 되었습니다. 평범한 아낙네가 장군보다 큰 영광을 누렸습니다. 지금도 영적인 전쟁은 계속됩니다. 복음의 진리를 수호하기 위하여 동성애, 신천지와 같은 이단, 이슬람 세력과 싸워야 합니다. 하나님의 교회를 지키기 위해서 공산주의자들과 싸워야 합니다. 말로만, 생각으로만이 아니라 행동으로 나타나는 신앙인이 되기 위해서, 나 자신과 싸워야 합니다.

싸울 줄 알고, 이길 줄 아는 그리스도인에게 하나님의 영광과 축복이 나타납니다. 바라기는 하나님의 나라를 위하여, 대한민국을 위하여, 거룩한 싸움에 물러서지 않는 신앙의 용사들이 되시기를 주님의 이름으로 축원합니다.

▲ 참 그리스도인이요, 참 애국자였던 유관순 열사. 그녀가 남긴 유언이다.
"내 손톱이 빠져나가고, 내 코와 귀가 잘리고, 내 손과 다리가 부러져도 그 고통은 이길 수 있사오나, 나라를 잃어버린 그 고통만은 견딜 수가 없습니다. 나라에 바칠 목숨이 오직 하나밖에 없는 것만이 이 소녀의 유일한 슬픔입니다."

하나님 사랑과 나라 사랑

그러나 이제 그들의 죄를 사하시옵소서
그렇지 아니하시오면 원하건대 주께서 기록하신 책에서
내 이름을 지워 버려 주옵소서 (출애굽기 32:32)

나의 형제 곧 골육의 친척을 위하여
내 자신이 저주를 받아 그리스도에게서 끊어질지라도
원하는 바로라 (로마서 9:2)

 구약 성서를 펼치면, 제일 먼저 창세기가 나옵니다. 그 다음에 출애굽기, 레위기, 민수기, 신명기가 계속됩니다. 구약 성서의 처음 다섯 권을 가리켜서 "모세 오경"이라고 부릅니다. 왜냐하면 이 책들을 모세가 기록했기 때문입니다. 모세 오경을 다른 말로 "모세의 율법"이라고 부르기도 합니다. 이스라엘 종교의 근본이 되는 율법이 바로 모세 오경 안에 들어있습니다. 이처럼 모세는 구약 성경의 대표적인 저자입니다.

 그처럼 위대했던 모세가 목숨을 내놓았던 장면이 있습니다. 하나님이 이집트의 노예였던 이스라엘을 해방시키셨습니다. 그런데 하나님이 구출해주신 이스라엘이, 하나님이 아니라 우상을 숭배했습니다. 하나님이 진노하셔서 이스라엘을 진멸시키려고 하셨습니다. 그때 모세가 목숨을 걸고 하나님께 드린 말씀이 출애굽기 32장 32절입니다.

"이제 그들의 죄를 사하시옵소서 그렇지 아니하시오면 원하건대 주께서 기록하신 책에서 내 이름을 지워 버려 주옵소서"

여러분, 이 말씀이 얼마나 놀라운가요. 하나님이 기록하신 생명책에서 이름이 지워지면 지옥에 갑니다. 모세는 "원하건대", 즉 자신이 지옥에 가기를 원한다고 말했습니다. 지옥에 가기를 자청하면서 모세가 간구한 기도의 제목은 "이제 그들의 죄를 사하시옵소서"입니다.

우상 숭배하다가 멸망하게 될 이스라엘을 용서해주시고, 대신에 자신을 지옥에 보내 달라는 기도입니다. 출애굽의 영웅 모세는 민족을 살리기 위하여 자신이 대신 심판당하는 죽음의 길을 자청했습니다.

성령의 영감을 받아 성경을 기록한 대표적인 저자를 꼽는다면, 구약에서는 모세요 신약에서는 바울입니다. 바울도 목숨을 내놓았던 적이 있습니다. 하나님이 이스라엘을 선택하셨습니다. 이스라엘에게 말씀을 주시고 이스라엘 땅에 예수님을 보내셨습니다. 그런데 이스라엘이 예수님을 거절했습니다. 하나님의 선택을 받은 민족이 하나님의 아들을 죽이는 끔찍한 짓을 저질렀습니다.

예수님을 믿은 이방 민족들은 구원을 받는데, 오히려 이스라엘 민족은 버림을 받게 되었습니다. 이 문제를 놓고 괴로워하면서 바울이 한 말이 로마서 9장 3절입니다. "나의 형제 곧 골육의 친척을 위하여 내 자신이 저주를 받아 그리스도에게서 끊어질지라도 원하는 바로라"

바울에게는 가슴에 사무치는 소원이 있었습니다. 그 소원을 이룰 수 있다면, 저주를 받아도 좋고 그리스도에게서 끊어져도 좋을 만큼, 간절한 소원이었습니다. 그것은 나의 형제, 곧 골육의 친척, 이스라엘이 구원받는 일이었습니다. 민족이 구원받을 수만 있다면, 내가 지옥에 가도 좋고 저주를 받아도 좋겠다고 바울은 고백했습니다.

사랑하는 성도 여러분, 구약의 모세와 신약의 바울에게 공통점이 있습니다. 그들은 위대한 신앙인이었고 동시에 뜨거운 애국자였습니다. 하나님을 사랑했고 동시에 나라를 사랑했습니다. 목숨을 걸고 저주와 심판을 자청하면서 민족을 살리고자 했습니다. 기독교에는 국경이 없습니다. 그러나 그리스도인에게는 조국이 있습니다.

오늘은 나라의 의미를 다시 기억하는 3·1절입니다. 뜻 깊은 날을 맞아 하나님을 사랑하고 나라를 사랑했던 선조들의 이야기를 함께 나누고자 합니다.

감리교 선교사였던 케이블(E. M. Cable)이 충청남도 목천군 지령리에 갔습니다. 전도를 하다가 유승백이라는 사람과 아주 친해졌습니다. 유승백이 기독교에 호감을 느껴서 초가집을 내주었습니다. 그 초가에 십자가를 붙이고 종을 붙여서 교회를 세웠습니다. 그 교회가 지령리교회 혹은 대지령교회라고 불린 감리교회입니다. 유승백이 앞장서서 교회에 다니자, 마을 주민들이 모두 기독교인이 되었습니다.

지령리교회는 시골 마을의 작은 교회였습니다. 그런데 이 교회가 당시에는 희귀했던 신문에 보도됩니다. 그 무렵에 국채보상 운동이 활발하게 일어났습니다. 일본에게 진 빚을 갚아서 경제적으로 독립해야 한다는 운동입니다. 1907년 8월 16일 자 〈대한매일신보〉에 보면 "충남 목천군 이동면 대지령 야소교당"이라는 이름과 함께 82명의 교인 명단이 실렸습니다. 작은 시골 교회에서 82명의 신자들이 나라를 구하기 위해 성금을 보냈던 것입니다. 개인 이름이 아니라 교회 이름으로 성금을 냈다는 점도 특이합니다. 그 당시 야소교당이라고 불렸던 교회가 애국 운동에 앞장섰음을 보여주는 장면입니다.

1907년에는 지령리교회에 사건이 많았습니다. 국채보상 운동에도 나섰고 커다란 재앙도 있었습니다. 1907년 11월 2일, 멸망하는 나라를 구하기 위해서 일어난 의병과 일본군의 전투가 지령리 부근에서 벌어졌습니다. 일본군은 지령리교회 교인들이 의병의 편이라고 생각해 아예 교회당을 불태워버렸습니다.

그때 지령리교회에 5살 된 아이가 있었습니다. 하도 장난이 심해서 별명이 "장난꾼"이었습니다. 꼬마들을 호령하고 동네를 휘젓고 다니는 골목대장이었습니다. 체격도 크고 건장했습니다. 특이한 점은 체격도 좋고 기질도 강한 이 아이가, 남자가 아니라 여자였다는 점입니다.

꼬마 여장부이면서 동시에 신앙에도 열심이었던 아이는 교회에서 자연스럽게 애국심을 배웠습니다. 교회 어른들이 나라를 살리기 위해서 애쓰는 모습도 보았습니다. 일본군이 교회를 불태워버린 사건도 보았습니다. 교회 마당에서 뛰놀며 신앙심과 애국심을 배웠던 꼬마 여장부의 이름이 유관순입니다.

어려서부터 믿음도 좋고 리더십도 있고 공부도 잘했습니다. 충청도 지역의 감리교회를 위해서 헌신했던 앨리스 샤프(Alice Sharp) 선교사가 유관순을 특히 예뻐했습니다. 가난한 유관순이 공부를 할 수 있도록 집에 데려다 놓고 딸처럼 키웠습니다. 장차 좋은 인재가 될 거라고 격려하면서 시골 소녀 유관순을 서울로 보냅니다. 1915년에 만 13살의 유관순이 이화학당에 입학합니다.

이화학당에 다닐 때 유관순은 친구들보다 월등하게 컸습니다. 당시에 조선 여학생들의 평균 키가 150cm 정도였는데, 유관순의 키는 170cm였습니다. 지금으로 치면 180cm가 넘는 장신입니다. 키도 크고 성격도 화끈하고 기도도 열심히 하는 소녀였습니다.

서울에서 유관순이 다녔던 교회가 정동감리교회입니다. 우리의 건

국대통령 이승만 박사가 다녔던 바로 그 교회를 유관순도 다녔습니다. 당시에 정동감리교회 담임목사가 손정도 목사님이었습니다. 손 목사님은 설교 시간마다 예수 사랑과 나라 사랑을 외치셨습니다. 일본의 탄압 때문에 1918년에 손정도 목사님은 중국으로 망명하셔서 독립 운동을 하셨습니다. 상해 임시정부의 의정원 의장, 요즘으로 치면 국회의장을 지내기도 하셨습니다.

손정도 목사님의 후임으로 정동감리교회에 부임하신 분이 이필주 목사님이십니다. 그분도 대단한 애국자셨습니다. 그분은 늘 이렇게 말씀하셨습니다. "내가 이 민족을 구해낼 수만 있다면, 열 번, 백 번일지라도 기꺼이 죽을 각오가 되어 있습니다." 말씀만 하신 것이 아니라 실제로 행동도 하셨습니다.

1919년 2월 25일, 이필주 목사님의 사랑방에서 비밀회의가 열렸습니다. 참석자들은 서울 시내 각종 학교의 학생 대표들이었습니다. 학생들이 모여서 조선의 독립을 선언하는 대규모 시위를 계획했습니다. 시위를 열기로 정한 날짜가 3월 1일, 그 시위가 유명한 3·1 운동입니다. 서울지역 학생들의 3·1운동 모의가 바로 정동감리교회 이필주 목사님의 사랑방에서 진행되었습니다.

유관순의 짧은 일생을 추적해보면, 계속해서 교회가 나오고 애국자들이 나옵니다. 지령리교회에서 꼬마 시절부터 애국심을 배웠습니다. 정동교회에서 애국적인 열정이 넘치는 목사님들로부터 지도를 받았습니다. 이화학당에 다닐 때, 유관순은 밤이고 낮이고 열심히 기도하는 것으로 유명했습니다. 나라를 위해서 밤낮없이 기도하던 유관순이 마침내 3·1운동에 뛰어듭니다.

1919년 3월 1일, 서울에서 만세 운동이 일어났을 때, 이화학당의 여학생들이 모두 밖으로 뛰쳐나가려고 했습니다. 그때 선교사들이 문을 막고 못 나가게 합니다. 학생들이 독립만세를 부르다가 다칠 수도 있기 때문입니다. 선교사들은 못 나가게 하고 학생들은 나가려고 하면서 실랑이를 벌이는데, 서명학이란 학생이 담벼락 밑으로 가서 허리를 숙였습니다. 유관순이 친구의 등을 밟고 올라가서 담을 타넘어 갔습니다.

유관순의 뒤를 따라서 여학생들이 담을 넘어가서 3·1운동에 참여했습니다. 유관순은 시위에 앞장섰다가 친구들과 함께 일본 경찰에게 잡혀갑니다. 이화학당의 미국 선교사들이 찾아가서 학생들을 내놓으라고 항의를 합니다. 결국 일본 경찰이 미국과 외교 마찰을 빚을 것을 두려워해서 유관순을 풀어줍니다. 그리고 이화학당은 만세 시위 때문에 학교 문을 닫고 휴교를 합니다.

유관순은 학교를 떠나 고향으로 내려갑니다. 그때부터 충청남도 목천, 병천 일대에 이상한 현상이 일어납니다. 밤 12시나 새벽 3시에 갑자기 개들이 짖습니다. 사람들도 잠들고 개도 잠잘 시간인데, 집 지키는 개들이 자다가 깨서 짖어댔습니다. 그러면 사람들이 이렇게 말하곤 했습니다. "유관순이 왔나보다."

무슨 말일까요? 밤이고 낮이고 새벽이고 할 것 없이, 유관순이 20일 동안 수백 리를 돌아다녔습니다. 사람들에게 서울에서 일어난 3·1운동 이야기를 들려주었습니다. 병천과 목천 지역에서도 서울에 호응해서 만세 시위를 해야 한다며 거사를 계획했습니다. 유관순의 고향에서도 독립운동의 기운이 무르익어 갔습니다.

그런데 문제가 있었습니다. 시위를 하려면 태극기를 만들어야 하는데, 사람들이 태극기를 그릴 줄 몰랐습니다. 그 무렵은 나라가 망하고

10년이 지난 다음입니다. 10년 동안 태극기를 본 적이 없으니, 어떻게 그려야 할 지를 몰랐습니다. 그때도 유관순이 앞장서서 사람들에게 태극기 그리는 법을 가르쳐주었습니다. 유관순의 지도를 받아 가며 태극기를 그린 사람들은 주로 기독교인들이었습니다. 지령리감리교회를 중심으로 교인들이 모여서 밤을 새워서 태극기를 만들었습니다.

1919년 4월 1일은 장이 서는 장날이었습니다. 3,000여 명이 모이는 그날, 아우내 장터에서 드디어 유관순이 주도한 만세 운동이 일어났습니다. 수많은 조선인들이 일제히 태극기를 흔들며 독립 만세를 불렀습니다. 당황한 일본 경찰이 닥치는 대로 때리고 죽였습니다.

시위에 앞장섰던 유관순은 곧바로 표적이 되었습니다. 일본 순사가 총검으로 유관순을 찔러서 허리를 다쳤습니다. 피를 흘리는 유관순을 끌고 가자, 아버지와 어머니가 딸을 구하려고 따라갑니다. 일본군이 만세를 부르며 항의하는 유관순의 아버지와 어머니에게 총을 쏘고 칼로 찔렀습니다. 그날 유관순의 부모가 모두 목숨을 잃게 됩니다.

부모를 잃고 감옥에 잡혀가서도 유관순은 굽히지 않았습니다. "내 나라를 찾으려고 정당한 일을 하는데, 어째서 무기를 사용해서 내 민족을 죽이느냐"고 일본인들에게 항의했습니다. 그러다가 끌려가서 수도 없이 고문을 당합니다. 일본군의 총검에 찔려서 다친 허리에서는 계속해서 고름이 나왔습니다.

일본 간수들은 유관순을 괴롭히기 위해서 밥을 주지 않았습니다. 하루에 3번 먹는 밥을 5일에 한 번씩 주었습니다. 그것도 주먹만 한 콩밥을 주어 겨우 굶어 죽지 않게만 해주었습니다. 덩치가 컸던 유관순은 너무 배가 고파서 잠을 못 자는 날이 많았습니다.

유관순이 감옥에 갇히고 거의 1년이 지나갔습니다. 3 · 1운동 1주년이 다가오고 있었습니다. 유관순은 감옥에서 또 한 번의 독립운동을 계획합니다. 간수들의 눈을 피해서 동지를 모았습니다. 유관순이 신호를 보내면 일제히 독립만세를 외치기로 결의했습니다.

1920년 3월 1일, 유관순의 선창을 따라 죄수들이 일제히 "대한 독립 만세!"를 외쳤습니다. 변기를 덮는 뚜껑을 벽에 부딪치며 소리를 냈습니다. 발로 감옥의 철창을 차기도 했습니다. 3,000여 명이 갇혀 있던 서대문 형무소가 만세 소리로 가득 찼습니다. 당황한 일본군이 죄수들을 잔인하게 구타했습니다.

주도자였던 유관순은 말로 표현할 수 없을 만큼 잔인한 고문을 당했습니다. 일본군이 발로 계속 차서 방광이 터져버립니다. 그래도 유관순은 굴복하지 않고 조선의 독립을 외쳤습니다. 그녀의 정신은 살아있었지만, 그녀의 육체는 견디지 못했습니다. 총검에 찔린 허리에서는 고름이 나왔습니다. 방광이 파열되어서 몸이 썩어가기 시작했습니다. 먹을 것을 주지 않으니, 같은 또래의 여학생보다 20cm나 키가 큰 건장한 몸을 지탱하기가 어려웠습니다. 마지막 무렵의 유관순 사진을 보면 온몸이 붓고 살이 썩은 병자의 모습입니다.

마침내 1920년 9월 28일, 만 열여덟 살이 채 되기도 전에, 유관순은 감옥에서 죽었습니다. 그녀는 마지막으로 이런 유언을 남깁니다. "내 손톱이 빠져나가고, 내 코와 귀가 잘리고, 내 손과 다리가 부러져도 그 고통은 이길 수 있사오나, 나라를 잃어버린 그 고통만은 견딜 수가 없습니다. 나라에 바칠 목숨이 오직 하나밖에 없는 것만이 이 소녀의 유일한 슬픔입니다."

사랑하는 성도 여러분, 이 나라가 어떤 나라입니까? 어떻게 되찾은 나라이며 어떻게 세워진 나라입니까? 손톱이 빠져나가고 코와 귀가 잘리고 손과 다리가 부러지는 고통을 겪었던 신앙인들이 있었습니다. 고문당하고 굶주리고 살이 썩어서 죽어가면서도, 나라에 바칠 목숨이 하나밖에 없음을 슬퍼했던 그리스도인들이 있었습니다. 애국 그리스도인들의 피와 눈물과 기도 위에 대한민국이 세워졌습니다.

어떻게 세운 나라인데, 어떻게 지킨 나라인데, 대한민국이 무너지도록 내버려 둘 수 없습니다. 기독교인들이 순교적인 애국심으로 되찾은 나라를 공산주의자들이 차지하도록 내버려 둘 수 없습니다. 사랑하는 성도 여러분, 이제는 우리 모두가 기도하면서 동시에 행동해야 할 시간입니다. 구약의 모세와 신약의 바울과 1919년의 유관순이 걸었던 그 길을 우리도 따라가야 합니다.

위기에 처한 대한민국을 위해서 다 함께 기도해야 합니다. 기도하는 가운데 내가 할 수 있는 일을 찾아야 합니다. 공산화를 막기 위해서, 국민들의 여론을 일으켜야 합니다. 신문 기사를 보시면서 애국적인 댓글도 달으셔야 합니다. 정신 못 차리는 정치인들에게 항의하는 전화도 걸으셔야 합니다. 나라를 위해서 싸우는 분들에게 후원도 하셔야 합니다.

제일 중요한 일은 북한 정권과 종북 세력의 거짓말에 속아 넘어가는 국민들을 설득하는 일입니다. 사람을 설득하는 일이 절대로 쉽지 않습니다. 사람 마음을 바꾸는 일은 정말로 어렵습니다. 그래서 기도해야 합니다. 하나님이 깨닫게 하시도록 기도해야 합니다. 대한민국이 얼마나 위험한 상황인지를 깨닫도록, 북한 정권과 주체사상과 공산주의의 본질을 깨닫도록, 국민들이 거짓을 깨닫고 진리로 돌아오도록, 끊임없이 기도해야 합니다.

바라기는 이 위기의 시대에 나라를 살리고 민족을 살리는 애국자들이 한국 교회에서 일어서기를 주님의 이름으로 축원합니다.

▲ 신석구 목사

그는 3·1운동 민족대표 33인이자 공산주의에 항거한
순교자로 조국 교회와 민족을 위한 제사장적 사명을 감
당했다.

"밀알 하나가 땅에 떨어져 죽지 아니하면 한 알 그대로
있고 죽으면 열매를 많이 맺을 터이니, 만일 내가 국가
독립을 위하여 죽으면 수천 혹은 수백의 마음속에 민족
정신을 심을 것이다."
(사진 출처: 극동방송, 3·1절 특집 영상 '신석구 목사')

3 · 1절 100주년 기념예배
대한민국의 제사장

그러나 너희는 택하신 족속이요 왕 같은 제사장들이요
거룩한 나라요 그의 소유가 된 백성이니
이는 너희를 어두운 데서 불러 내어
그의 기이한 빛에 들어가게 하신 이의
아름다운 덕을 선포하게 하려 하심이라 (베드로전서 2.9)

성막에서 섬겼던 제일 중요한 인물이 제사장들과 대제사장입니다. 그들이 성막에서 드리는 모든 제사를 책임졌습니다. 구약 시대에는 제사장과 대제사장이 이스라엘 민족의 신앙생활을 인도했습니다. 그런데 신약 시대에도 제사장의 역할을 감당하는 사람들이 있습니다.

베드로전서 2장 9절을 봅시다. "그러나 너희는 택하신 족속이요 왕 같은 제사장들이요 거룩한 나라요 그의 소유가 된 백성이니 이는 너희를 어두운 데서 불러 내어 그의 기이한 빛에 들어가게 하신 이의 아름다운 덕을 선포하게 하려 하심이라"

여기에 "왕 같은 제사장"이라는 말씀이 나옵니다. 그냥 제사장이라고 해도 대단한 존재입니다. 백성들을 하나님께로 인도하는 영적인 지도자들입니다. 그런데 그냥 제사장이 아니라 왕 같은 제사장입니다. 백성을 통치하는 왕이면서, 동시에 하나님께로 이끄는 제사장이라는 말입니다. 이처럼 중요한 사람들이 누구일까요? 우리 시대에 왕 같은 제사장의 역할을 하는 사람들이 누구일까요? 성경은 모든 그리스도인들이라고 말합니다.

구약 시대에는 제사장만이 성소에 들어갔습니다. 대제사장만이 지성소에 들어갔습니다. 그러나 신약 시대에 예수님이 십자가에서 죽으시던 순간에, 지성소를 가로막고 있던 휘장이 찢어졌습니다. 이제는 누구나 성소에도 들어가고 지성소에도 들어가게 되었습니다. 예수님을 믿는 사람이면 누구나 제사장의 역할을 감당할 수 있게 되었습니다.

특별히 이스라엘의 제사장은 민족을 이끌어가는 영적인 지도자였습니다. 제사장의 임무가 혼자서 잘 믿고 혼자서 복 받는 것은 아니었습니다. 제사장은 사람들을 대신해서 제사를 드리고, 민족의 염원을 담아서 기도하며, 나라의 운명을 걸고 하나님께 나아갔습니다.

오늘은 3·1운동 100주년을 맞이하는 기념 주일입니다. 이 뜻깊은 주일에 우리 민족의 제사장이 되어야 할 그리스도인의 사명을 말씀으로 증거 하고자 합니다. 3·1운동 100주년 기념 예배를 드리면서, 한국 교회의 모든 성도들이 하나님을 사랑하고 나라를 사랑하는 이 시대의 제사장으로 쓰임 받게 되기를, 주님의 이름으로 축원합니다.

첫째로 우리 시대의 제사장은 백성들을 위하여 기도하고 나누어야 합니다. 이스라엘은 열두 지파였습니다. 열두 개의 씨족 혹은 부족이 연합해서 한 민족을 이루었습니다. 그래서 12라는 숫자는 열두 지파, 혹은 이스라엘 민족을 가리킵니다. 그런데 성막에는 12와 관련된 여러 의식들이 나옵니다. 레위기 24장 5-6절을 봅시다. "너는 고운 가루를 가져다가 떡 열두 개를 굽되 각 덩이를 십분의 이 에바로 하여 여호와 앞 순결한 상 위에 두 줄로 한 줄에 여섯씩 진설하고"

여기에서 말하는 고운 가루는 만나 가루입니다. 광야에는 먹을 것이 없었습니다. 이스라엘은 꼼짝없이 굶어 죽을 판이었습니다. 그때 하나님이 하늘에서 만나를 내려주셨습니다. 만나를 먹고 이스라엘이 광야 생활 40년을 견디어냈습니다. 그 만나 가루로 떡을 만들어서, 성막 안에 있는 성소에 진열해야 합니다.

그런데 그 떡의 숫자가 12개입니다. 만약에 떡을 11개를 놓았다면, 11지파는 먹고 1지파는 굶어도 된다는 뜻입니다. 그러나 12개의 떡은 12지파 모두에게 떡을 주시는 하나님의 은혜를 증거 합니다. 12지파 가운데 단 한 지파도 굶주려서는 안 된다는 하나님의 뜻입니다. 제사장은 떡을 진열하면서, 이스라엘 민족 전체가 하나님이 주시는 떡을 먹도록 축복하고 기도했습니다.

사랑하는 성도 여러분, 어떤 지도자가 훌륭한 지도자일까요? 백성들을 위한다고 말은 잘합니다. 가난한 사람들 옆에 가서 위로하는 장면도 잘 연출합니다. 서민과 약자를 위한다고 하는데, 정작 경제를 어렵게 만듭니다. 말로는 백성들을 위하는데, 밥으로는 위하지 못합니다. 백성들에게 밥을 챙겨주지 못한다면, 좋은 지도자가 아닙니다.

좋은 지도자는 경제를 일으키고 일자리를 만들어서, 백성들이 마음껏 밥을 먹게 만들어줍니다. 우리나라는 원래 아프리카보다 가난했습니다. 지금 젊은 세대는 이해하지 못할 것입니다. 저의 세대만 해도, 먹기 싫어서 안 먹거나 귀찮아서 안 먹은 적은 있어도, 정말 먹을 게 없어서 굶어본 적은 없습니다. 하지만 저의 윗세대들은 굶으셨던 경험이 있습니다. 밥 세 끼도 못 먹는 나라를, 밥 세 끼 다 먹고 간식도 먹고 야식까지 먹게 해주신 분들이 위대한 지도자들입니다.

프린스턴 대학교는 세계 최고 수준의 명문입니다. 노벨상 수상자가 계속 나오는 학교입니다. 지금도 프린스턴 박사라면 전 세계가 인정해줍니다. 지금부터 109년 전인 1910년에, 그것도 황인종 가운데는 처음으로 국제법 박사가 된 인물이 있습니다. 훗날 대한민국의 대통령이 되시는 이승만 박사입니다.

그분이 혼자서 잘 먹고 잘 살려고 했다면, 동양인 최초로 미국 명문대학 교수가 되어서 편안하게 사셨을 것입니다. 그러나 잃어버린 나라를 되찾기 위해서, 모든 것을 바쳐서 헌신하셨습니다. 독립 운동을 하실 때는 하루에 세 끼도 못 드신 날이 많았습니다. 어떤 날은 한 끼를 드시고 어떤 날은 두 끼를 드셨습니다.

명색이 아시아인 최초의 국제법 박사인데, 하루에 세 끼를 못 먹고 한 끼를 먹습니다. 얼마나 열 받고 화가 나겠습니까. 보통 사람 같으면 밥을 앞에 놓고 기도하기도 싫을 것입니다. "하나님, 저에게 고작 밥 한 끼 주시려고 세계 최고 명문대학의 박사가 되게 하셨습니까? 제가 그렇게 기도하고 독립 운동하느라 고생했는데, 하루에 한 끼가 뭡니까?"하고 원망했을 것입니다.

그러나 이승만 박사는 하루에 한 끼를 드시면서도 늘 기도하셨습니다. "내가 먹는 이 음식을, 나라를 잃고 고통당하는 우리 민족 모두에게 허락해주옵소서" 이것이 이 나라의 건국 대통령께서 평생 동안 드렸던 식사 기도였습니다. 그리고 바로 이것이 제사장의 마음입니다.

사랑하는 성도 여러분, 이스라엘의 제사장이 열두 지파를 생각하면서, 성소에 열두 개의 떡을 진열해놓았습니다. 하나님께서 열두 개의 떡을 보시고 민족을 기억하셔서 열두 지파 모두에게 떡을 주시도록 기도했습니다. 그 정신을 이어받아서 우리 모두가 나라와 민족을 위해서 기도해야 합니다. 하나님이 이 나라를 축복하셔서 먹을 것을 주시도록 기도해야 합니다. 동시에 우리 모두가 나누어야 합니다. 나도 힘들고 어렵지만, 주변을 살펴보면 더 힘든 사람이 있고 더 어려운 사람이 있습니다. 내가 가진 것을 조금씩이라도 나누고 도와야 합니다.

지금은 경제적으로 참 어려운 시대입니다. 이 어려운 시절을 기도하고 나누어주면서 이겨내는 대한민국의 제사장들이 되시기를 주님의 이름으로 축원합니다.

둘째로 우리 시대의 제사장은 나라와 민족을 사랑하고 책임져야 합니다. 성막에 대한 말씀에서 12라는 숫자가 계속 나옵니다. 12개의 떡이 있고, 12개의 보석이 있습니다. 출애굽기 28장 9-10절을 봅시다. "호마노 두 개를 가져다가 그 위에 이스라엘 아들들의 이름을 새기되 그들의 나이대로 여섯 이름을 한 보석에, 나머지 여섯 이름은 다른 보석에 새기라"

호마노라는 보석에 이스라엘 열두 지파의 이름을 새기라는 말씀입니다. 호마노 하나에 여섯 이름씩, 호마노 두 개에 총 12개의 이름을 새겨야 합니다. 열 두 지파의 이름이 새겨진 보석 두 개를 어디에 사용했을까요? 출애굽기 28장 12절입니다. "그 두 보석을 에봇의 두 어깨받이에 붙여 이스라엘 아들들의 기념 보석을 삼되 아론이 여호와 앞에서 그들의 이름을 그 두 어깨에 메워서 기념이 되게 할지며"

에봇은 대제사장이 입는 옷입니다. 에봇의 두 어깨에 호마노 보석 두 개를 붙여야 합니다. 그 보석에는 이스라엘 12지파의 이름이 새겨져 있습니다. 어깨는 책임을 의미합니다. 막중한 책임을 졌을 때, "어깨가 무겁다"고 합니다. 내가 맡은 책임을 완수했을 때, "어깨가 가벼워졌다"고 말합니다. 어린아이의 어깨에는 본인의 이름만 있으면 됩니다. 어른이 되고 가장이 되면, 가족의 이름을 어깨에 짊어져야 합니다.

그런데 이스라엘의 대제사장은 열두 지파의 이름을 새긴 보석을 어깨에 붙여야 합니다. 민족의 책임을 어깨에 짊어질 정도가 되어야 대제사장입니다. 나 혼자 잘 되고, 우리 가족이 복 받는 수준을 넘어서, 나라와 민족을 위한 부담을 어깨에 질 수 있어야 우리 시대의 제사장입니다.

12라는 숫자가 12개의 떡에 나오고, 대제사장의 어깨에 붙이는 보석에 나옵니다. 계속해서 출애굽기 28장 15절입니다. "너는 판결 흉패를 에봇 짜는 방법으로 금실과 청색 자색 홍색 실과 가늘게 꼰 베실로 정교하게 짜서 만들되" 대제사장이 입는 에봇의 가슴에 주머니가 달려있습니다. 그 주머니를 가슴에 붙여놓은 패라고 해서 "흉패"라고 부릅니다. 대제사장의 흉패에는 보석들을 붙여야 합니다.

출애굽기 28장 17 - 20절입니다. "그것에 네 줄로 보석을 물리되 첫 줄은 홍보석 황옥 녹주옥이요 둘째 줄은 석류석 남보석 홍마노요 셋째 줄은 호박 백마노 자수정이요 넷째 줄은 녹보석 호마노 벽옥으로 다 금테에 물릴지니" 흉패에 보석을 세 개씩 네 줄을 붙여야 합니다. 세 개씩 네 줄이면 총 몇 개인가요? 12개입니다.

출애굽기 28장 21절을 봅시다. "이 보석들은 이스라엘 아들들의 이름대로 열둘이라 보석마다 열두 지파의 한 이름씩 도장을 새기는 법으로 새기고" 대제사장의 가슴에 붙어있는 12개의 보석은 이스라엘의 12지파를 가리킵니다. 어깨가 책임을 의미한다면, 가슴은 무엇을 의미할까요? 연애를 할 때 "너를 머리로 사랑해" 그러면 상대방이 좋아할까요? 머리를 가리키면서 "이 안에 너 있다" 하면 상대가 감격할까요? 그랬다가는 정신이 이상한 줄 알 것입니다.

"너를 가슴으로 사랑해" 그래야, 뭔가 역사가 일어납니다. 가슴을 가리키면서 "이 안에 너 있다" 하는 드라마도 예전에 나왔습니다. 가슴은 사랑을 상징합니다. 사랑하는 성도 여러분, 대제사장의 가슴에 열두 지파를 상징하는 열두 개의 보석을 붙였습니다. 그것은 나라와 민족을 가슴으로 사랑하라는 하나님의 말씀입니다.

대제사장이 입는 에봇은 참으로 특수합니다. 어깨에 12지파를 새긴 보석을 붙입니다. 가슴에 역시 12개의 보석을 붙입니다. 이스라엘 12지파를 상징하는 물품이 바로 보석입니다. 너무나 소중하고 값비싸고 구하기 어려운 보석입니다. 그것은 나라와 민족을 보석처럼 소중히 여기라는 하나님의 말씀입니다. 대한민국을 보석처럼 귀중하게 여기는 마음으로 어깨에 붙여서 책임을 져야 합니다. 우리들의 조국을 보석처럼 소중하게 여기는 마음으로 가슴에 붙여서 사랑해야 합니다.

지금부터 100년 전에 3·1운동이 일어났을 때, 민족 대표가 33인이었습니다. 그중에 16인이 기독교인이었고, 16인의 기독교인 중에서 9명이 감리교인 이었습니다. 그중의 한 분, 신석구 목사님의 이야기를 나누고 싶습니다.

신석구 목사님은 조선이 멸망해가던 1907년에 기독교로 개종하셨습니다. 그분은 백성들이 너무나 이기적이어서 나라가 망하게 되었다고 생각하셨습니다. 개인으로서만 잘되려고 하지, 국민으로서 나라가 잘되게 하는 데는 관심이 없는 것이 문제라고 지적하셨습니다.

신석구 목사님이 사역자가 되기로 결심하면서 이런 글을 쓰셨습니다. "참으로 나라를 구하려면 먼저 예수를 믿어야겠다. 그래서 잃어버린 국민을 찾아야겠다. 나 하나 회개하면 잃어버린 국민 하나를 찾는 것이다. 내가 믿고 전도하여 한 사람이 회개하면 하나의 도(道)를 찾는 것이다. 그리하여 잃어버린 국민을 다 찾으면 나라는 자연히 구원되는 것이다."

예수를 믿어서 기독교인이 되는 동시에, 국민이 되어야 한다는 통찰입니다. 나 한 사람이 회개해서 좋은 그리스도인이 되면, 그것은 곧 좋은 국민이 되는 길입니다. 신석구 목사님은 전 국민이 다 예수를 믿어서 기독교인이 되는 동시에 국민이 되면, 나라도 구원받을 수 있다고 믿으셨습니다. 이 신념에 따라 3·1운동에 앞장섰다가 잡히십니다. 온갖 고문을 당하시고 감옥에서 2년 6개월을 고생하셨습니다.

3·1운동 때, 기독교인들이 정말 고난을 많이 당했습니다. 투옥당하고 고문당하고 순교했습니다. 그런데 그 고생을 했는데도 당장 독립되지는 않았습니다. 이 문제에 대해서 신석구 목사님이 글을 쓰셨습니다. "예수님 말씀하시기를 밀알 하나가 땅에 떨어져 죽지 아니하면 한 알 그대로 있고 죽으면 열매를 많이 맺을 터이라 하셨으니, 만일 내가 국가 독립을 위하여 죽으면 나의 친구들 수천 혹은 수

백의 마음속에 민족정신을 심을 것이다. 설혹 친구의 마음에 못 심는다 할지라도 내 자식 삼 남매 마음속에는 내 아버지가 독립을 위해 죽으셨다는 기억을 끼쳐주리니 이만하여도 만족한다고 생각하였다."

비록 감옥에서 죽을지라도, 수천 수백 우리 국민들의 마음에 민족정신을 심는 한 알의 밀알이 되겠다는 뜻입니다. 우리의 선조들이 이런 신앙과 애국심으로 독립운동을 하셨습니다.

일제 36년 동안 극심한 고난을 견뎌냈던 신석구 목사님이 해방이 된 다음에 엄청난 시련을 겪습니다. 1919년 3·1운동에 앞장섰던 목사님에게 죽음의 위협이 다가왔던 날도 1946년 3월 1일이었습니다. 그날은 해방 이후 처음 맞이하는 3·1절이었습니다. 그 역사적인 날에 북한 정권은 대대적으로 선전했습니다. "3·1운동의 주동자는 김일성 장군님이시다!"

기독교인들이 주도한 3·1운동을 김일성이 일으켰다고 왜곡했습니다. 그때 북한 지역에서 목회를 하시던 신석구 목사님이 공산주의자들의 거짓말을 폭로하셨습니다. 그것 때문에 끌려가셔서 72세의 할아버지 목사님이 무려 3개월간이나 잔인한 고문을 당하셨습니다.

평양에 대동강이 흐릅니다. 그런데 북한정권은 소련에 아부하느라고 대동강의 이름을 레닌강으로 바꾸었습니다. 고문당해서 만신창이가 되신 신석구 목사님이 이 점을 지적하셨습니다. 공산당이 우리 민족의 정신을 말살한다고 비판하셨습니다. 기독교 신앙으로 공산주의와 싸웠던 신석구 목사님이 무사하실 수는 없었습니다. 결국 1950년에 76세의 나이로 총살당하셔서 순교하셨습니다.

사랑하는 성도 여러분, 신석구 목사님이 무엇 때문에 감옥에 가셨을까요? 무엇 때문에 여러 번이나 고문을 당하셨을까요? 민족의 존경을 받으셨던 분이 마지막에 처형장의 이슬로 사라진 이유는 무엇일까요? 우리들의 신앙과 우리들의 나라를 보석처럼 소중히 여기셨기 때문입니다.

하나님을 보석처럼 소중히 여기셨기에, 하나님을 믿지 못하게 하는 일본 제국주의와 싸우셨고 공산주의와 싸우셨습니다. 우리의 나라를 보석처럼 귀중히 여기셨기에, 나라를 빼앗는 일본과 북한정권에 맞서 싸우셨습니다.

성경을 읽어보면, 정말 하나님을 사랑했던 인물들은 정말 나라를 사랑했습니다. 우리의 역사를 살펴보면, 정말 나라를 사랑했던 인물들은 정말 하나님을 사랑했습니다. 예수 사랑과 나라 사랑이 둘이 아니라 하나였습니다. 그분들의 헌신이 있어서, 우리가 나라를 되찾고 자유롭게 하나님을 믿으며 번영을 누릴 수 있었습니다.

우리는 선조들의 희생을 기억해야 합니다. 그분들의 헌신을 우리 시대에도 이어가야 합니다. 바라기는 한국 교회의 모든 성도들이 하나님을 사랑하고 대한민국을 사랑하는 이 나라의 제사장으로 쓰임 받으시기를 주님의 이름으로 축원합니다.

공산주의 바이러스

1판 1쇄 발행	2020. 06. 10
2판 1쇄 발행	2020. 08. 21

저 자	김정민, 이호
발 행 인	이호
표지디자인	강해진
편집디자인	강해진
교 정	김성훈, 김창대, 강소영, 정은이, 조성호
펴 낸 곳	자유인의 숲
주 소	서울특별시 용산구 한강대로 52길 25-8, 한준 4층
도 서 문 의	010-6801-8933

등 록 번 호	2020년 6월 8일 제2020-04호
ISBN	979-11-90664-01-1 03230